\ しゃべって覚える /

古文単語
300

Gakken

この本の使い方

STEP 1
単語の理解

> 〜基礎語〜
> 001
> ## なつかし
> いい感じ

**注目したい
単語と意味**

単語を使った例文
現代語の文に古語を
織り交ぜたフレーズを、
日常でしゃべって使い
ながら、自然と覚える
ことができます。

> 紀貫之くんって、
> 話してみるとなんか なつかし。
> 仲良くなりたいな。

12

STEP 2
実戦問題

① **会話でチェック！** ➡ 80ページ 136ページ

キャラクターの会話の中で使われている古語を、文脈にあわせて
解釈する練習問題。その章までに学んだ単語を復習できます。

単語 No. ── 品詞や意味

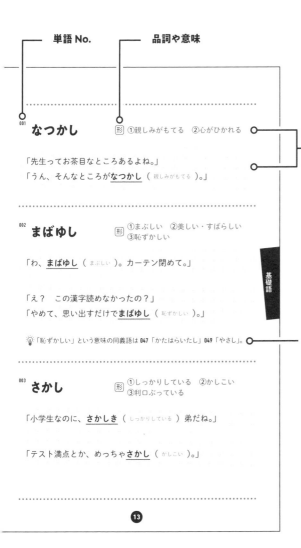

001 なつかし

形 ①親しみがもてる ②心がひかれる

「先生ってお茶目なところあるよね。」
「うん、そんなところが**なつかし**（ 親しみがもてる ）。」

単語の意味と例文
赤シートを使って、意味や訳を隠しながら覚えることができます。

002 まばゆし

形 ①まぶしい ②美しい・すばらしい
③恥ずかしい

「わ、**まばゆし**（ まぶしい ）。カーテン閉めて。」

「え？ この漢字読めなかったの？」
「やめて、思い出すだけで**まばゆし**（ 恥ずかしい ）。」

💡「恥ずかしい」という意味の同義語は 047「かたはらいたし」049「やさし」。

基礎語

単語に関連した知識や、間違えやすいポイントをチェックできます。

003 さかし

形 ①しっかりしている ②かしこい
③利口ぶっている

「小学生なのに、**さかしき**（ しっかりしている ）弟だね。」

「テスト満点とか、めっちゃ**さかし**（ かしこい ）。」

13

② **まとめテスト** ➡ **166〜171ページ**
完全オリジナルの文章読解。単語の意味だけでなく、文法や文の解釈などを問う問題も収録。実力を確認できます。
※内容は全てフィクションです。

3

もくじ

第1章

基礎語

第2章

多義語・古今異義語・呼応の副詞

第3章

特有語・敬語・連語

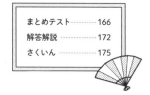

主な登場人物

三谷コウタ
高校2年生。古語が覚えられなくて悩む、本書の主人公。

紀貫之
タイムスリップして現代にやってきた、平安時代の歌人。

矢部アカリ
コウタの友達。誰とでも仲良くなれる、明るい性格。

山田タカシ
コウタの友達。勉強は得意だが、少し抜けている面も。

1章

基礎語

（001〜154）

「紀貫之くんがやってきた」

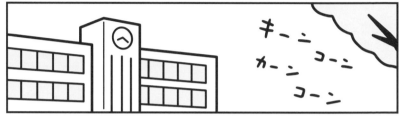

はよーす！

おはよう

おはよー、遅いじゃん、コウタ

今日の古典のテスト、勉強した？

＼やべっ／

忘れてた！

また!?

古典ってさぁ、単語を覚えるのが難しくて、手を付けづらいんだよなぁ…。二人はどうやって勉強してる？

先生！紀貫之って、
あの古今和歌集で有名な
紀貫之ですか！？

そうだ

なんでも、貫之くんは、
平安時代で蹴鞠をしていた
ところ、うっかり毬が頭に
当たって気絶…

ボカッ

う～ん

気がついたら学校の廊下に
倒れていたらしい。

ギャグマンガか…？！

まぁ、いつかもとの時代に戻れると思うから、それまでみんな、仲良くしてやってくれ〜。

は ——————— い

席は三谷の隣な。

ニコッ

よ、よろしく…

英語じゃないけど、使ってみたら案外覚えられたりするかもよ。

え〜そんなの、使う相手いないじゃん

ハッ 使う相手、いたー‼

——こうして、紀貫之くんとの学園生活が始まった。

なつかし

いい感じ

紀貫之くんって、
話してみるとなんか **なつかし**。
仲良くなりたいな。

001 なつかし

形 ①親しみがもてる　②心がひかれる

「先生ってお茶目なところあるよね。」
「うん、そんなところが**なつかし**（ 親しみがもてる ）。」

002 まばゆし

形 ①まぶしい　②美しい・すばらしい
③恥ずかしい

「わ、**まばゆし**（ まぶしい ）。カーテン閉めて。」

「え？　この漢字読めなかったの？」
「やめて、思い出すだけで**まばゆし**（ 恥ずかしい ）。」

💡「恥ずかしい」という意味の同義語は 047「かたはらいたし」049「やさし」。

003 さかし

形 ①しっかりしている　②かしこい
③利口ぶっている

「小学生なのに、**さかしき**（ しっかりしている ）弟だね。」

「テスト満点とか、めっちゃ**さかし**（ かしこい ）。」

004 **おもしろし** 形 ①趣深い・風流だ ②楽しい

「芭蕉くんって、俳諧が趣味なんだって。**おもしろし**（風流だ）。」

「最近始めたこのゲーム、マジで**おもしろし**（楽しい）。」

---

005 **はかばかし** 形 ①しっかりしている
②はっきりしている

先輩はとても**はかばかしき**（しっかりしている）人だ。

メガネを替えたら、遠くのビルが**はかばかしく**（はっきりと）見えるようになった。

---

006 **おとなし** 形 ①大人らしい・大人びた
②思慮分別がある

「なんか、急に**おとなしき**（大人びた）こと言うね。」

007 めでたし

形 ①すばらしい　②立派だ

「西野さんの歌声は、いつ聞いても**めでたし**（ すばらしい ）。」

「昨日の大会、決勝で負けたのが悔しい。」
「十分**めでたき**（ 立派な ）成績だよ。」

008 たのもし

形 ①当てにできる・期待できる
　②豊かだ・裕福だ

エースが先発だから、これは**たのもし**（ 期待できる ）。

「貫之くんって**たのもしき**（ 裕福な ）家庭で育ったらしいよ。」

009 うしろやすし

形 ①安心だ・安心できる　②頼もしい

「お父さんの運転は、ほんと**うしろやすし**（ 安心できる ）。」

💡 対義語は「不安だ」という意味の 051「うしろめたし」。

15

010

ゆかし

ひかれる

「彼ってカッコいい……。
ちょっと **ゆかし** かも。」

010 ゆかし

形 ①見たい・知りたい・聞きたい
②心がひかれる

「きれいなピアノの音色だね。誰が弾いているのか**ゆかし**

(知りたい)。」

011 ねんごろなり

形動 ①熱心だ・丁寧だ ②親しくしている

「先生の**ねんごろなる**（ 熱心な ）指導のおかげです。」

「うちら、小学校の時から**ねんごろなり**（ 親しくしている ）。」

012 かなし

形 ①かわいい・いとしい
②悲しい・かわいそうだ

「あいつ、小町さんのこと**かなし**（ かわいい ）と思ってるよな。」
「すぐに赤くなるから、わかりやすいよね。」

「昨日のドラマ、めっちゃ**かなしき**（ 悲しい ）展開で泣いた。」

17

013 **いらふ**　　　　　動 答える・返答する

「貫之くん、難しい質問にもすぐに**いらふる**（ 答える ）んだよ。
尊敬しちゃう。」

---

014 **こころもとなし**　　　形 ①待ち遠しい・じれったい
②気がかりだ

「早く返信来ないかな。ああ、**こころもとなし**（ じれったい ）！」

部活を休んでいる後輩が、**こころもとなし**（ 気がかりだ ）。

💡 対義語の 102「こころやすし」は「安心だ」という意味。

---

015 **いまめかし**　　　　形 ①現代風だ　②軽薄だ

「髪切ったんだ。どう？」
「**いまめかしき**（ 現代風な ）髪型だね。」

「彼女がいるのに別の子とデートするなんて、**いまめかし**
（ 軽薄だ ）。」

💡 受験では主に①の意味が出題される。

016 **をかし**　形　①趣がある　②美しい・かわいらしい
③おもしろい・興味がひかれる

「虫の声を聞くと、**をかし**（ 趣がある ）って思うよね。」

💡「趣がある」という意味の類義語は **029**「あはれなり」。

「先生は、**をかしき**（ 美しい ）字を書くなあ。」

「この漫画、めっちゃ**をかし**（ おもしろい ）。おすすめ。」

---

017 **すきずきし**　形　①風流である
②色好みである・恋愛好きである

「明日は七夕だから一緒に星を見ようよ。」
「なんて**すきずきし**（ 風流である ）！」

「鈴木くん？　**すきずきし**（ 恋愛好きである ）って噂だよ。」

---

018 **めやすし**　形　①見た目の感じがよい
②見苦しくない

「西野さんって**めやすき**（ 見た目の感じがよい ）人だね。」

うるはし

きちんとしている

「やば。 山田の引き出しの中、
超 うるはし。」

うるはし

形 ①きちんとしている　②整って美しい

「いやー、我ながら**うるはしき**（　整って美しい　）ノートだわ。わかりやすい。」

うつくし

形 ①かわいらしい　②きれいだ

「ベランダにすずめが来てる。**うつくし**（　かわいらしい　）。」

💡 幼いもの、小さいものをかわいいと思う気持ちが「うつくし」。

「小町さんの髪、いつも**うつくし**（　きれいだ　）。」

すさぶ

動 ①気の向くままにする
②気の向くままに～する

「ギターを**弾きすさぶ**（　気の向くままに弾く　）先輩の姿に憧れる。」

基礎語

まめなり

形動 ①まじめだ・誠実だ　②実用的だ

「おめでとう、**まめなる**（ まじめな ）努力が実ったね。」

「旅行行くの？　**まめなる**（ 実用的な ）お土産、よろしく！」

よろづ

名 ①たくさん　②あらゆること

「**よろづ**（ たくさん ）の本！　これ全部読むの？」
「うん。**よろづ**（ あらゆること ）について知りたくて。」

とく

名 ①人徳　②財産・富

「みんなから頼られるなんて、**とく**（ 人徳 ）あるじゃん！」

鈴木くんのことは好きだけど、**とく**（ 財産 ）目当てだって思われたくない。

025 おぼえ

名 ①評判・人望・噂（うわさ）　②感じ・感覚
③寵愛（ちょうあい）を受けること

「昨日公開の映画、どうだった？」

「いろんな意味で、**おぼえ**（ 評判 ）どおりだったよ。」

「あー、私もお金持ちの**おぼえ**（ 寵愛を受けること ）がほしい。」

026 いかで

副 ①どうして（〜か）
②どうして（〜か、いや〜ない）
③なんとかして

勉強中、**いかで**（ どうして ）部屋を掃除したくなるのだろうか。

憧れの芸能人が撮影してる！　**いかで**（ なんとかして ）サインがほしい！

027 うるせし

形 ①達者だ　②利発だ

あの子、実はピアノがめっちゃ**うるせし**（ 達者だ ）。

💡「うるさい」という意味ではないので注意。紛らわしい言葉に **197**「うるさし」があるが、こちらは「わずらわしい・面倒だ」という意味。

23

いと あはれなり

めっちゃ 心にしみる

「この歌集、最近読み始めたんだけど、
めっちゃいいね。」
「わかるー。なんていうか、
いと あはれなり。」

⁰²⁸ **いと**　　　　　　　　　　副 ①とても　②それほど（〜ない）

「あの女優、**いと**（ それほど ）かわいくないよね。」
「でも、演技を見ると**いと**（ とても ）心ひかれるんだよ。」

⁰²⁹ **あはれなり**　　　形動 ①しみじみと趣深い　②心にしみる
　　　　　　　　　　　　　　　③かわいそうだ

屋上から眺める夕焼けって、**あはれなり**（ しみじみと趣深い ）。

「あんなに練習してたのに、試合負けちゃったね……。」
「うん、すごく**あはれなり**（ かわいそうだ ）。」

基礎語

⁰³⁰ **いうなり**　　　　形動 ①優美だ　②優れている

西野さんの物腰って、とても**いうなり**（ 優美だ ）。

購買の焼きそばパンは、味よし、コスパよしで、とても**いうなり**（ 優れている ）。

💡 漢字で書くと「優なり」。漢字のイメージから覚えるとよい。

031 **ありがたし** 形 ①めったにない
②（めったにないほど）優れている

こんな特別な体験、<u>ありがたし</u>（ めったにない ）。

「木村、9回裏に逆転ホームランを打ったんだよ。」
「あいつの動じない性格は、誰よりも<u>ありがたし</u>（ 優れている ）。」

032 **あきらむ** 動 明らかにする・見極める

私のプリンを勝手に食べた犯人を、すぐにでも**あきらむ**
（ 明らかにする ）ぞ。

💡「諦める」という意味ではない。

033 **えんなり** 形動 ①優美だ・色っぽい　②美しく趣がある

最近あの子、大人びてきて**えんなり**（ 色っぽい ）。

夕日に染まった山々の景色は、**えんなり**（ 美しく趣がある ）。

💡 漢字で書くと「艶なり」。

034 **なさけ**　　名　①風流を解する心　②情趣　③思いやり

歌人としての貫之くんの**なさけ**（ 風流を解する心 ）には、とても
かなわない。

---

035 **らうらうじ**　　形　①巧みだ・物慣れている　②上品だ

あの俳優、若いのに何をしても**らうらうじき**（ 物慣れている ）
感じがする。

基礎語

貫之くんは、いつも立ち振る舞いが**らうらうじ**（ 上品だ ）。

---

036 **めづ**　　動　①愛する　②ほめる　③感動する

「最近、爬虫類を**めづる**（ 愛する ）人、多くない？」

お座りができた愛犬を**めづ**（ ほめる ）。

げに たのし

超 リッチ

「彼んちって げに たのしき
ウチらしいよ。」
「執事がいるとか?」

げに

副 ほんとうに・なるほど

「この単語集、**げに**（ ほんとうに ） わかりやすいね。」

たのし

形 ①楽しい　②豊かだ・裕福だ

お金持ちになって、**たのしき**（ 裕福な ） 暮らしがしたい。

基礎語

いたく

副 ①ひどく・非常に
②あまり・たいして（〜ない）

「渾身のギャグが、**いたく**（ あまり ） ウケなかった。つら。」

いみじ

形 ①はなはだしい　②ひどい
③すばらしい

今日の部活は**いみじく**（ はなはだしく ） きつかった。

「いやー、**いみじき**（ すばらしい ） シュートだった。」

よいことにしても悪いことにしても、程度のはなはだしい様子。

041 こころざし

名 ①愛情・誠意 ②謝礼

「三谷くんって優しくて**こころざし**（ 愛情 ）が深いんだね。」

「落ちてた財布を持ち主に届けたら、**こころざし**（ 謝礼 ）を
もらった。」
「いいことしたじゃん。」

042 かたち

名 ①容貌・顔だち ②姿 ③ものの形

小町（こまち）さんは、**かたち**（ 顔だち ）がいいって評判だ。

コスプレをして平安貴族の**かたち**（ 姿 ）を真似してみた。

043 あく

動 ①十分満足する・満ち足りる
②飽きる

「**あく**（ 十分満足する ）まで本を読みたいんだ。」
「僕なら１時間も図書館にいたら**あく**（ 飽きる ）よ。」

044 なまめかし

形 ①若々しい・みずみずしい　②優美だ

「主役の子、バレエ習ってるんだって。」
「どうりで動きが**なまめかし**（ 優美だ ）。」

045 さがなし

形 ①意地悪だ・性格がよくない
②口が悪い　③やんちゃだ

「先生はいつも、私にだけ**さがなし**（ 意地悪だ ）。」
「あんただけ課題出してないから、注意しただけでしょ。」

046 ゆゆし

形 ①不吉だ・忌まわしい
②（程度がはなはだしく）すばらしい・ひどい

「初詣でのおみくじ、大凶だった……。」
「新年早々、それは**ゆゆし**（ 不吉だ ）。」

「第一志望に合格したよ。」
「なんて**ゆゆし**（ すばらしい ）。私も後に続きたい。」

💡 **040**「いみじ」と同じく、よいことと悪いことの両面で使われる。

かたはらいたし

きまりが悪い

「彼氏と歩いてたら、
　お父さんに会っちゃった。」
「それ、**かたはらいたく** ない?」

047
かたはらいたし 形 ①気の毒だ ②みっともない・見苦しい ③恥ずかしい・きまりが悪い

親に「言い訳なんて**かたはらいたし**（ みっともない ）」って怒られた。

048
すごし 形 ①気味が悪い ②物寂しい ③すばらしい

「この道、幽霊出そうじゃない？」
「確かに、昼間でもかなり**すごし**（ 気味が悪い ）。」

誰もいなくなった教室は、なんか**すごし**（ 物寂しい ）。

💡「すばらしい」という意味の類義語に 040「いみじ」046「ゆゆし」がある。

049
やさし 形 ①つらい ②恥ずかしい ③優美だ ④けなげだ

「校内放送でかんじゃった。めっちゃ**やさし**（ 恥ずかしい ）。」

💡 紛らわしい言葉に「やすし」がある。こちらは「安心だ」「容易だ」という意味。

「貫之（つらゆき）くんがサッカーしてると、どことなく**やさし**（ 優美だ ）。」
「わかる。サッカーっていうより、あれは蹴鞠（けまり）だわ。」

くちをし

形 ①残念だ ②情けない・つまらない

「放課後、カラオケ行かない？」
「ごめん。今日はバイトなんだ。」
「それは**くちをし**（ 残念だ ）。」

財布を忘れて、待ち合わせに遅れてしまった。**くちをし**
（ 情けない ）。

うしろめたし

形 ①不安だ・気がかりだ ②気がとがめる

今日の英語の授業、当てられないか**うしろめたし**（ 不安だ ）。

約束をドタキャンするのは**うしろめたし**（ 気がとがめる ）。

こうず

動 ①疲れる・体が弱る ②困る

スマホの見過ぎで、目が**こうず**（ 疲れる ）。

💡「困る」という意味の類義語は 194「なやむ」。

053
あし

形 ①悪い ②不快だ・憎い ③下手だ

梅雨の時期は、髪が広がるから**あし**（ 不快だ ）。

あしき（ 下手な ）演奏なのに、なぜか心に響く。

054
さすがに

副 そうはいってもやはり

「あいつには、今回の模試では負けたけど、前回は勝ったんだ。」
「**さすがに**（ そうはいってもやはり ）、今回負けたのが悔しいんで
しょ。」

055
はづかし

形 ①恥ずかしい ②立派だ

間違えることは、**はづかしき**（ 恥ずかしい ）ことじゃない。

バスケ部は、全国大会で**はづかしき**（ 立派な ）成績を残した。

💡 こちらが恥ずかしくなるほど相手が優れているという気持ちを表す。

いぶせし

ブルーだ

「来週のテストのこと思うと、
いぶせき 気分。」
「でも古典は得意でしょ?」

056
いぶせし

形 ①心が晴れない・うっとうしい
②気がかりだ

夏休みなのに、夏期講習があると思うと**いぶせし**（ 心が晴れない ）。

進路が決まらず、**いぶせき**（ 気がかりな ）日々を送る。

💡 紛らわしい言葉の「いぶかし」も、「いぶせし」と同様の意味があるが、他に「不審だ・疑わしい」という意味でも用いられる。

057
うし

形 ①つらい・苦しい
②つれない・無情だ

風邪で喉が痛くて、**うし**（ つらい ）。

💡 漢字で書くと「憂し」。漢字のイメージから覚えるとよい。

「デートに誘ったけど断られた。水瀬さんって**うし**（ つれない ）。」
「俺たちには高嶺の花だって。」

058
あいなし

形 ①不愉快だ・いやだ　②つまらない

バズってた動画見たけど、私には全然**あいなし**（ つまらない ）。

おぼつかなし

形 ①はっきりしない・ぼんやりしている
②心配だ ③待ち遠しい

「屋上で手を振ってるの、誰だろ。」
「うーん、どうも**おぼつかなし**（ はっきりしない ）。」

明日の文化祭、雨で中止にならないか**おぼつかなし**（ 心配だ ）。

彼からの返事が**おぼつかなし**（ 待ち遠しい ）。

さうざうし

形 もの足りない・物寂しい・つまらない

この弁当の量では**さうざうし**（ もの足りない ）。

💡「騒々しい」という意味ではないので注意。

いとけなし

形 幼い・あどけない

木村くんには、**いとけなき**（ 幼い ）弟と妹がいる。

062 **おぼろけなり** 形動 ①普通だ ②並々でない・格別だ

厳しい先生だって聞いてたけど、全然**おぼろけなり**（ 普通だ ）。

今日のために、**おぼろけなる**（ 並々でない ）練習をしてきた。
俺たちなら大丈夫だ。

063 **かたほなり** 形動 不十分だ・未熟だ

「掃除当番、誰？　黒板の消し方が**かたほなり**（ 不十分だ ）。」

💡 対義語の「まほなり」は「完全だ」という意味。

064 **らうがはし** 形 ①乱雑だ ②うるさい

「僕の**らうがはしき**（ 乱雑な ）部屋になんて、招待できないよ。」

私の家は、駅に近いのはいいけど電車の音が**らうがはし**
（ うるさい ）。

をこがまし

くだらない

「このお笑いコンビのギャグ、
　をこがまし。でもめっちゃウケる。」
「じわじわくるよね。」

065 をこがまし　　［形］ばからしい・みっともない

「おやつをめぐって妹とけんかした。」

「なにそれ、**をこがまし**（ みっともない ）。」

066 ほいなし　　［形］①気に入らない　②残念だ

「このマフラー、似合うんじゃない？」

「うーん、色が**ほいなし**（ 気に入らない ）。」

購買の焼きそばパンが、メニューからなくなった。おいしかったのに、**ほいなし**（ 残念だ ）。

💡「本来の志」という意味の「ほい（本意）」に「無し」が付いた語。本来の志に反しており、期待外れで残念だという気持ちを表す。

067 わびし　　［形］①つらい・やりきれない・困ったことだ　②貧しい

昨日の試合、最後の最後で逆転されて、とても**わびし**（ つらい ）。

068 **うつる**（移る）　　動 ①移動する　②色あせる・盛りが過ぎる
③変わる

「この選手、最近なかなか活躍しないね。」
「年齢的に**うつる**（ 盛りが過ぎる ）頃だし、しかたないよ。」

「あれ？　推しはギターの人じゃなくて、ボーカルじゃなかっ
た？」
「人は誰でも**心うつる**（ 心が変わる ）ものです。」

069 **ねんず**　　動 ①祈る　②我慢する

今日は授業で当てられませんようにと**ねんず**（ 祈る ）。

明日は試験だから、ゲームは**ねんず**（ 我慢する ）。

070 **よしなし**　　形 ①理由がない　②方法がない
③つまらない・取るに足りない

「ずっと家にいても**よしなし**（ つまらない ）。買い物に行こ。」

071 ここち

名 ①気持ち・気分
②病気・気分が悪いこと

春はぼんやりした**ここち**（ 気分 ）になる。

💡 ②の意味のときは、「ここちあし」という表現を用いることもある。

---

072 むつかし

形 ①不快だ ②わずらわしい
③気味が悪い

朝一番に聞くお父さんのオヤジギャグは、時々**むつかし**
（ 不快だ ）。

スマホの契約手続きが**むつかし**（ わずらわしい ）。

💡 「難しい」という意味ではないので注意。「難しい」の意味を表す語は **105**「かたし」。

---

073 しかり

動 そうである

「ほんとに今回のテスト、100 点だったの？」
「**しかり**（ そうである ）。」

ねたし

腹立つ

「水瀬さんにお礼を言ったら、
『別に。』だって。ねたし。」
「ツンデレなんじゃない?」

074 ねたし
[形] しゃくにさわる・くやしい

SNS で**ねたき**（ しゃくにさわる ）ことを書かれて、へこんだ。

075 かきくらす
[動] 悲しみにくれる

彼女に振られて、一週間**かきくらし**（ 悲しみにくれ ）た。

076 つつまし
[形] ①遠慮される・気がひける
②きまりが悪い

こんな高そうな店、高校生には**つつまし**（ 気がひける ）。

💡 現代語の「慎ましい」と混同しないように注意。

077 あやにくなり
[形動] ①意地が悪い　②あいにくだ

「好きな子にはつい**あやにくなる**（ 意地が悪い ）態度をとっちゃ
うんだよね。」
「小学生かよ。」

078 おごる
（①驕る②奢る）

動 ①思い上がる・傲慢に振る舞う
②ぜいたくをする

彼女は、期末試験で学年1位だったのに全く**おごらない**
（ 思い上がらない ）ところがすごい。

「たまには、好きなだけピザを注文して**おごる**（ ぜいたくをする ）
のもいいよね。」

079 つらし

形 ①薄情だ ②つらい・耐えがたい

「もうノートは貸さないよ。」
「そんな**つらき**（ 薄情な ）こと言うなよ。」

一週間ゲーム禁止だなんて、**つらし**（ 耐えがたい ）。

080 こころづきなし

形 気にくわない

「ちくしょう、あいつばっかりモテて、**こころづきなし**
（ 気にくわない ）。」

⁰⁸¹ わぶ

動 ①思いわずらう・嘆く ②落ちぶれる
③〜しかねる

「どうしよう！　もう今年受験生だよ。」
「**わぶる**（ 嘆く ）暇があったら、勉強しようぜ。」

「この映画ね、事業に失敗して**わぶる**（ 落ちぶれる ）主人公が
そこから……。」
「待って！　もうそれ以上言わないで！」

宿題を忘れたので学校に行き**わび**（ 行きかね ）て、本屋で立ち
読みしてた。

基礎語

. . . .

⁰⁸² わろし

形 ①よくない・正しくない ②下手だ

友達の失敗を責めるのは、**わろき**（ よくない ）ことだ。

「推しが歌の**わろき**（ 下手な ）アイドルランキングに入ってた
……。」
「ダンスうまいからOKでは？」

💡 類義語は053「あし」。対義語は109「よろし」。

. . . .

ひねもす

朝から晩まで

「貫之くん、休み時間はいつも
『古今和歌集』読んでるね。」
「ひねもす読んでも、
飽きないらしいよ。」

083 ひねもす　　　　副 一日中

「風邪を引いたので、昨日は**ひねもす**（ 一日中 ）寝てた。」

084 しげし

形
①草木が生い茂っている
②数量・回数が多い　③絶え間がない
④（多くて）わずらわしい

「この植物園、めっちゃ**しげし**（ 草木が生い茂っている ）。」

昨日から雨が**しげし**（ 絶え間がない ）。

海外旅行に行きたいが、手続きが**しげし**（ わずらわしい ）。

085 いはけなし　　　　形 幼い

「**いはけなき**（ 幼い ）弟がかわいくって。」
「まだ小学生だもんね。」

基礎語

086 よし

形 ①よい ②身分が高い・教養がある

ただ勉強ができる人ではなく、**よき**(教養がある)人になりたい。

類義語は **109**「よろし」。対義語は **053**「あし」。

---

087 こしかた

連語 ①通り過ぎてきたところ
②過ぎ去った時間・過去

こしかた(通り過ぎてきたところ)を振り返ると夕日が輝いていた。

中学生だった**こしかた**(過去)が思い出される。

対義語の「未来」を指す言葉には、「すゑずゑ」、「ゆくすゑ」などがある。

---

088 やすらふ

動 ①立ち止まる・たたずむ ②ためらう

満開の桜の木の下で**やすらふ**(立ち止まる)。

「イチゴパフェおいしそう！」
「でも値段が高くて**やすらふ**(ためらう)よ。」

089 さらなり   形動 言うまでもない

「このアニメ、おもしろいね。」「**さらなり** (言うまでもない)。」

💡「言へばさらなり」「言ふもさらなり」(=いまさら言うまでもない) の形で使われることもある。

090 いたはる   動 ①大切にする ②世話をする ③苦労する ④病気になる

今日は甥っ子を**いたはる** (世話をする) から、遊びに行けない。

若いときに**いたはる** (苦労する) のは大切と聞く。

「たまには息抜きしなきゃ。そんなにがんばると**いたはる** (病気になる) よ。」

091 つきづきし   形 似つかわしい

「小町さんに桜って、**つきづきし** (似つかわしい)。」
「絵になるよね。」

基礎語
092
わななく

体が震える

「あんたの推し、 新曲出したよね。」
「そうなの！ 感動で わなない たわ。」

092 わななく

動 体・声が震える

「今日、寒くない？ コート着てても**わななく**（ 体が震える ）わ。」

💡「わななく」は、現代語でも「恐れや寒さ、緊張などで体が震える」という意味を表す。

093 まだし

形 ①まだその時期ではない
　②不十分だ・未熟だ

「俺がレギュラーになるのは無理だと思う。」
「諦めるのは**まだし**（ まだその時期ではない ）。」

「テスト勉強ばっちり？」
「いや、**まだし**（ 不十分だ ）。」

094 めざまし

形 ①気にくわない
　②思いのほかすばらしい

「水瀬ってお高くとまってて**めざまし**（ 気にくわない ）。」
「ほんとは好きなんだろ？」

めざましき（ 思いのほかすばらしい ）俳句ができて、うれしい。

095 にほふ

動 ①美しく染まる　②美しく輝く
③香る

「日の出、見に行ったんだってね。どうだった？」
「山が朝焼けに**にほふ**（ 美しく染まる ）情景が最高だったよ。」

雨にぬれた若葉は**にほふ**（ 美しく輝く ）。

💡 現代では③の意味だが、もともとは視覚的な美しさに対して用いられた言葉。

096 なべて

副 すべて・一般に・総じて

「幽霊なんて、**なべて**（ すべて ）気のせいだよ。」
「**なべて**（ 総じて ）、そう言うやつが一番怖がってんだよね。」

097 かづく（被く）

動 四段：①かぶる　②いただく
下二段：①かぶせる　②与える

夏の野外バイトは、帽子を**かづく**（ かぶる ）ほうがいい。

ペットにごほうびのおやつを**かづく**（ 与える ）。

098
ふる（古る）　　　　　動 ①古くなる　②年をとる・老いる

スマホが**ふり**（ 古くなっ ）て、すぐにバッテリーがなくなって
しまうので、買い替えた。

099
ながむ（眺む）　　　　動 ①ぼんやりと眺める　②物思いに沈む

「木村って最近よく校庭を**ながむ**（ ぼんやりと眺める ）よね。」
「部活が終わって、感慨にふけってるんだって。」

「**ながむる**（ 物思いに沈む ）様子だけど、どうしたの？」

100
いとほし　　　　形 ①気の毒だ・かわいそうだ
　　　　　　　　　　②かわいい　③嫌だ・つらい

「楽しみにしてたライブが中止になった……。」
「それは**いとほし**（ 気の毒だ ）。」

「うさぎ飼い始めたんだって？」
「そうなの。もうほんと**いとほし**（ かわいい ）。」

いづく

どこ

「修学旅行っていづくに行くの?」
「さっき先生言ってたじゃん。」

101 いづく

代名 どこ

「**いづく**（ どこ ）で待ち合わせする？」

102 こころやすし

形 ①安心だ ②親しい

ここまで勉強しておけば、**こころやすし**（ 安心だ ）。

💡 対義語の 051「うしろめたし」は「不安だ」という意味。

「あの子、山田と一緒にテスト勉強するんだって。」
「二人は**こころやすき**（ 親しい ）関係みたいだね。」

103 をりふし

名 ①その時々 ②季節
副 ちょうどその時

勉強は**をりふし**（ その時々 ）でしっかり復習することが大切だ。

噂(うわさ)をしていた**をりふし**（ ちょうどその時 ）、本人が来た。

基礎語

57

104 つれづれなり 形動 ①退屈だ・することがない
②孤独で物寂しい

「部活引退後の放課後は、**つれづれなり**（ することがない ）。」
「受験勉強しなよ。」

105 かたし（難し） 形 ①難しい ②めったにない

今日の古典の宿題、僕にはちょっと**かたし**（ 難しい ）。

💡 対義語の「やすし」は「易しい」という意味。

僕が先生にほめられるなんて、**かたし**（ めったにない ）。

106 あらまほし 連語 あってほしい
形 理想的だ

追試は避けたい。せめて60点は**あらまほし**（ あってほしい ）。

「ここは勉強するのに**あらまほしき**（ 理想的な ）カフェだよ。」

107 あぢきなし

形 ①どうしようもない ②つまらない

「え、ここも試験範囲？ マジか、もう**あぢきなし**

（ どうしようもない ）。」

雨で屋外練習ができなくて**あぢきなし**（ つまらない ）。

108 ことごとし

形 大げさだ・仰々しい

部屋に蛾が入ってきたくらいで大騒ぎするなんて、まったく
ことごとし（ 大げさだ ）。

109 よろし

形 ①悪くない
②普通だ・ありふれている

この平均点で 75 点とれたのは、まあ**よろし**（ 悪くない ）。

「話題のラーメン屋に行ったんだって？ どうだった？」
「思ったより**よろしき**（ 普通の ）味だったよ。」

💡 対義語は 082 「わろし」。

なづむ

悩む

「来週、進路面談だよね。」
「志望校、どこにするか **なづむ** な〜。」

110 なづむ

動 ①滞る・先に進めずにいる ②悩み苦しむ ③こだわる

問題集のノルマが３日目にして**なづむ**（ 滞る ）。

111 うつつ

名 ①現実 ②正気

「第一志望に合格するなんて、これ、**うつつ**（ 現実 ）？」
「ほっぺたつねってあげようか。」

「受験まであと半年なのに、今から理系に転向するなんて
うつつ（ 正気 ）か？」

基礎語

112 かたくななり

形動 ①頑固だ ②無教養だ

私のお父さんは、ほんと**かたくななり**（ 頑固だ ）。

社会に出たとき、**かたくななり**（ 無教養だ ）と思われないよう
にしたい。

113 せめて

副 ①強いて・無理に ②非常に・ひどく

「ねえ、**せめて**（ 無理に ）誘うのはやめなよ。」

「この占い、**せめて**（ 非常に ）当たるんだよ！」「ほんとに？」

---

114 なほざりなり

形動 いいかげんだ

「好きな芸人の出身校だから、私、第一志望ここにする。」
「そんな**なほざりなる**（ いいかげんな ）理由で決めないほうがい
いよ。」

💡 現代語の「なおざりにする」も「物事をいいかげんにしておく」という意味。

---

115 まねぶ

動 ①まねて言う・まねをする
②そのまま伝える ③習得する

「英語を**まねぶ**（ 習得する ）には、ネイティブの発音を**まねぶ**
（ まねて言う ）のが有効だよ。」

監督の指示を、チームメイトに**まねぶ**（ そのまま伝える ）。

116 わりなし

形 ①道理に合わない ②つらい・苦しい
③しかたがない

「昔の勉強法って、**わりなき**（ 道理に合わない ）ものも多いよね。」

「今回のテスト、平均点 50 点だって。」
「じゃあ、この点数でも**わりなし**（ しかたがない ）。」

💡「わり」は 138「ことわり」と同じく「道理」の意味。

117 ならふ
（①慣らふ②習ふ）

動 ①慣れる・慣れ親しむ
②学ぶ・学習する

半年も住めば、どんな町でも**ならふ**（ 慣れる ）。

単語カードで**ならふ**（ 学ぶ ）のが、私には合ってる。

💡「学ぶ・学習する」の意味の類義語は 115「まねぶ」。

118 とし（疾し）

形 ①（速度が）速い ②（時期が）早い

疲れたから、今日は**とく**（ 早く ）寝よう。

あるじす

もてなす

「明日、友達来るから、
　あるじし たいんだけど。」
「いいよ。ピザでもとる?」

119 あるじす

動 もてなす・ごちそうする

「週末、遊びに行っていい?」
「OK。お好み焼きを**あるじする**（ ごちそうする ）よ!」

120 まれびと・まらうと・まらうど

名 客

「今日、貫之(つらゆき)くんち遊びに行っていい?」
「ごめん、今日は父の**まれびと**（ 客 ）が来るんだ。」

121 さて

副 そのままで
接 ①そうして　②ところで

昨日は動画を見ながら、**さて**（ そのままで ）寝た。

絵を学んで、**さて**（ そうして ）、俺は漫画家になりたい。

「**さて**（ ところで ）、土曜ヒマ?」

122 ぐす 　動 ①備える　②一緒に行く・引き連れる
　　　　　　　　③連れ添う・結婚する

「顔も性格もスタイルもいい、そんなすべてを**ぐする**（ 備える ）
　人なんているのかな。」
「いるよ！　二次元なら!!」

友達を**ぐし**（ 引き連れ ）て、ライブに行く。

うちの両親は、**ぐし**（ 連れ添っ ）て 20 年になる。

123 まうけ 　名 ①用意・準備　②ごちそう

修学旅行の**まうけ**（ 準備 ）は完璧だ。

💡「利益」を表す現代語の「儲け」の意味はないので注意。

母の推している球団が 5 年ぶりの優勝。今夜は**まうけ**
（ ごちそう ）だな。

124 ものす 　　　　動（何かを）する

「一緒にゲームでも**ものす**（ する ）?」

---

125 せうと 　　　　名 兄または弟

今日は**せうと**（ 兄/弟 ）の就職祝いだ。

💡 対義語の「姉または妹」は「いもうと」。姉でも妹でも「いもうと」と表す。

---

126 はらから 　　　　名 兄弟姉妹

「**はらから**（ 兄弟姉妹 ）はいる?」
「兄と姉が一人ずつ。」

---

127 このかみ 　　　　名 ①年長者　②兄または姉

「東京の大学に行くんだね!　一人暮らしすんの?」
「**このかみ**（ 兄/姉 ）と一緒に暮らす予定。」

たはぶる

遊ぶ

「連休どうする?」
「遊園地で思いっきり
たはぶる 予定。」

128 たはぶる

動 ①遊ぶ ②ふざける

「今度の土曜日、原宿で**たはぶれない**（ 遊ばない ）？」

「いつも**たはぶれ**（ ふざけ ）てばかりの三谷が、やけに大人しいね。」
「寝坊して、朝飯食ってないんだって。」

129 うたてし

形 ①嫌だ・いとわしい
②情けない・気の毒だ

基礎語

動画の途中に流れる CM、めっちゃ**うたてし**（ 嫌だ ）。

悲惨な事故のニュースを見て**うたてく**（ 気の毒に ）思う。

130 ずちなし

形 どうしようもない・なすすべがない

「電車に乗り遅れて遅刻確定。ああ、**ずちなし**（ なすすべがない ）！」

69

131 **いぬ**（往ぬ・去ぬ） 動 ①去る・行ってしまう
②（時が）過ぎ去る・経過する

「犬の首輪が外れて、犬が走って**いぬ**（ 行ってしまう ）。」
「ダジャレかよ。」

楽しい時間はすぐ**いぬ**（ 過ぎ去る ）。

132 **らうたし** 形 かわいらしい・いとおしい

ペンギンの歩く姿って、めっちゃ**らうたし**（ かわいらしい ）。

💡 類義語は **020**「うつくし」。

133 **おどろおどろし** 形 ①大げさだ ②気味が悪い

こんなかすり傷で病院だなんて、**おどろおどろし**（ 大げさだ ）。

💡 類義語は **108**「ことごとし」。

4階のずっと使われていない教室、なんだか**おどろおどろし**
（ 気味が悪い ）。

134 かしがまし
（かしかまし）

[形] やかましい

セミの声が**かしがまし**（ やかましい ）。

---

135 なのめなり

[形動] ①いいかげんだ　②平凡だ

彼女はお金に関しては、割と**なのめなる**（ いいかげんな ）ところがある。

💡 類義語は 114「なほざりなり」。

太く短い人生より、細く長い**なのめなる**（ 平凡な ）人生がいい。

---

136 びんなし

[形] ①都合が悪い　②気の毒だ

「日曜日、遊びに行かない？」
「ごめん、**びんなし**（ 都合が悪い ）。バンドの練習なんだ。」

せっかくの焼肉食べ放題なのに、腹痛で行けないなんて
びんなし（ 気の毒だ ）。

いとど

どんどん

「初デート、どうだった?」
「めっちゃ楽しかった。
　いとど 好きになっちゃう。」

137 いとど [副] ますます

西野さんが**いとど**（ ますます ）かわいくなってた。

138 ことわり [名] 道理

「サッカー部の川野くんに、一目ぼれしちゃった。」
「あのシュート見たら、恋に落ちるのも**ことわり**（ 道理 ）だよ。」

基礎語

139 さはれ（さばれ） [感] どうにでもなれ
[接] それはそうだが

「だめだ、眠すぎる。明日テストだけど、もう**さはれ**
（ どうにでもなれ ）。」

「見た目よりも、中身だよね。」
「**さはれ**（ それはそうだが ）、なんだかんだ見た目も重視してるん
でしょ。」

140 あふ （会ふ・逢ふ）　　動 結婚する・深い仲になる

来月、姉が中学校の同級生と**あふ**（ 結婚する ）。

---

141 みそかなり　　形動 ひそかに・こっそり

あの二人、**みそかに**（ ひそかに ）付き合ってるらしい。

💡「晦日」と書く「みそか」は「その月の最後の日」という意味の名詞で、別の言葉。

---

142 まさなし　　形 ①よくない・不都合だ　②みっともない・見苦しい　③思いがけない

「なぁなぁ、次の授業、どこでさぼろうか。」
「しーっ！　先生に聞かれると**まさなし**（ よくない ）。」

ここにきて言い訳なんて、**まさなし**（ みっともない ）。

うちの柔道部が予選敗退だなんて、**まさなき**（ 思いがけない ）
ニュースだ。

💡 漢字で書くと「正無し」。「正しく無い」ことに対して用いられる言葉。

¹⁴³ **むげなり** 　　[形動] ひどい

約束したのに、すっぽかすなんて**むげなり**（ ひどい ）。

¹⁴⁴ **せうそこ**（消息） 　[名] ①手紙・便り
　　　　　　　　　　　　　　　②取り次ぎの依頼・訪問

「メールと手書きの**せうそこ**（ 手紙 ）、どっちが好き？」
「んー、**せうそこ**（ 手紙 ）のほうが、気持ちがこもってる感
　じがして好きかな。」

💡 類義語は **181**「ふみ（文）」。

玄関に現れたコウタのお母さんに**せうそこ**（ 取り次ぎの依頼 ）を
する。

¹⁴⁵ **つとめて** 　　[名] ①早朝　②翌朝

月曜日の**つとめて**（ 早朝 ）は、体育祭の練習がある。

返事が来るか、**つとめて**（ 翌朝 ）まで待ってみよう。

基礎語

こころやる

憂さ晴らしする

「彼氏に、誕生日はバイトで
会えないって言われた。」
「カラオケで こころやる?」

¹⁴⁶ **こころやる**　　　動 気を晴らす

「受験勉強が嫌になったとき、どうしてる？」
「河川敷でランニングをして**こころやる**（ 気を晴らす ）よ。」

¹⁴⁷ **ちぎり**　　　名 ①約束　②（前世からの）宿縁・因縁
③夫婦の縁

ちぎり（ 約束 ）のポテチだ。受け取ってくれ。

「僕らが出会ったのは、前世からの**ちぎり**（ 宿縁 ）かもよ。」
「何それ、ウケる。」

「うちの両親、船旅のデッキで知り合ったんだって。」
「ロマンチックな**ちぎり**（ 夫婦の縁 ）じゃん。」

基礎語

¹⁴⁸ **やつす**　　　動 ①目立たないようにする・
地味な姿に変える　②出家する

明日は服装検査があるから、**やつす**（ 目立たないようにする ）か。

💡「やつす」は他動詞。「やつる」は自動詞で、「地味な姿になる」。

149 おのづから

副 ①自然に・ひとりでに　②偶然
③もしも・ひょっとして

多くの小説を読んでいるうちに、**おのづから**（ 自然に ）自分でも書くようになっていた。

夜空を見上げたら、**おのづから**（ 偶然 ）流れ星が見えた。

「**おのづから**（ もしも ）生まれ変われるなら、何になりたい？」

150 なめし

形 無礼だ・失礼だ

「身長あんまり伸びてないでしょ？」
「**なめき**（ 失礼な ）こと言いやがって。5ミリ伸びたわ。」

類義語は 259「こちなし」。

151 そらごと

名 嘘・作りごと

「あいつの言ったこと、ほとんど**そらごと**（ 嘘 ）じゃん。」

152 きよらなり

形動 ①（人が）清らかで美しい
②（服などが）華やかで美しい

「隣のクラスの西野さん、モデルとしてファッションショーに
出るんだって。」
「前から**きよらなり**（ 清らかで美しい ）と思ってたよ。」

今日は成人式だから、**きよらなる**（ 華やかで美しい ）着物を着た
人が多い。

153 かこつ

動 ①ほかのせいにする
②愚痴を言う・嘆く

試合に負けたことを、**かこつ**（ ほかのせいにする ）のは見苦しい。

明るい性格が取り柄の私でも、**かこつ**（ 愚痴を言う ）ときだっ
てある。

154 こはし

形 ①堅い・ごわごわしている
②強い・手ごわい

こはき（ 手ごわい ）チームだったけれど、何とか勝てた。

これまで学んだ古語の意味を、会話から正しく読み取ろう。

貫之くん、そろそろ学校に**ならふ**（ 慣れる ）頃かな。

学校は**いと**（ とても ）**おもしろし**（ 楽しい ）。でも、テストのことを考えると、**いぶせし**（ 心が晴れない ）。

僕もテストやばいけど、**さはれ**（ どうにでもなれ ）。終わったらカラオケで歌って、**こころやる**（ 気を晴らす ）？

歌なら、われ、**うるせし**（ 達者だ ）。『袖ひちて　むすびし水の　こほれるを……。』

そっちの歌!? さすが貫之くん、**おもしろし**（ 風流だ ）。

それなら私は、推しグループの曲、歌っちゃおうかな。いや、でもちょっと、**かたはらいたし**（ 恥ずかしい ）。

いいじゃん。それじゃテスト後にカラオケに行くのを楽しみに、今は**うつつ**（ 現実 ）を見て勉強しようか。

2章

多義語
古今意義語
呼応の副詞

(155～242)

「会話がかみあわない?」

貫之くんが転校してきて
2週間——…

はじめはどうなることかと思ったけど、授業で習った古語で伝わるもんだなぁ。

Cola

そういえばさっきコーラを買ったんだけど、2人とも飲む?

隣のクラスの小町さん
(平安時代からきた)

コーラ?

あだなり

浮気っぽい

「鈴木くんって、優しいけど
あだなる ところがあるんだよね。」
「自分は無理だな、そういう人。」

あだなり

形動 ①不誠実だ・浮気だ
②無駄だ・無用だ　③はかない

「これ以上やっても**あだなり**（ 無駄だ ）。もう、諦めよう。」
「勉強始めて、まだ10分なんですけど。」

💡「誠実だ」という意味の対義語は **022**「まめなり」**171**「まめやかなり」。

「なぜポテチは、こんなにも**あだなる**（ はかない ）ものなの
か。」
「すぐなくなっちゃうよね。」

多義語

あさまし

形 ①驚きあきれるばかりだ
②がっかりだ　③情けない

あんなあからさまな嘘（うそ）をつくなんて、**あさまし**

（ 驚きあきれるばかりだ ）。

「ライブのチケット、落選してた。**あさまし**（ がっかりだ ）。」

あんなにがんばって勉強したのに、古典のテスト30点だった。
あさまし（ 情けない ）。

157 **いたづらなり** 形動 ①無駄だ・無意味だ ②むなしい
③退屈だ・暇だ ④空っぽだ

「考えるだけ**いたづらなり**（ 無駄だ ）。ご飯食べて寝よ。」

「愛。なんて**いたづらなる**（ むなしい ）言葉なんだ。」
「失恋したんだね……。」

「あー、**いたづらなり**（ 暇だ ）。今週の土曜**いたづらなり**
（ 暇だ ）。」
「遊びに誘ってほしいなら、素直にそう言いなよ。」

冷蔵庫の中が、見事に**いたづらなり**（ 空っぽだ ）。

158 **いふかひなし** 形 ①言ってもしかたがない
②身分が低い・取るに足りない
③ふがいない・情けない

薄情なやつには**いふかひなし**（ 言ってもしかたがない ）。

とよとみひでよし
豊臣秀吉は**いふかひなき**（ 身分が低い ）生まれだ。

159 おぼゆ

[動]
① （自然と）思われる
② （自然と）思い出される
③ 似ている

「新入部員のやる気がないように**おぼゆ**（ 思われる ）。」
「基礎練ばかりじゃ飽きるよ。」

この道を通るたびに、中学時代のことが**おぼゆ**（ 思い出される ）。

先生の顔は、ラクダに**おぼゆ**（ 似ている ）。

160 くもゐ

[名]
① 宮中　② 空
③ はるか遠く離れたところ　④ 都

「貫之くんて何度も**くもゐ**（ 宮中 ）に行ったことがあるらしいよ。」

くもゐ（ 空 ）を自由に飛びたい。

実家を出て、**くもゐ**（ はるか遠く離れたところ ）にある大学に進学する。

💡 漢字で書くと「雲居」。「雲のあるところ」という意味。①・④は天上のようなすばらしいところという比喩的な意味合い。

多義語
161
かしこし

すばらしい

「お土産ありがとう。
　センスが かしこし！」
「いやいや、かしこくないし。」

161 かしこし
(①畏し②③④⑤賢し)

形 ①恐れ多い・恐ろしい　②賢い
③すばらしい・立派だ　④幸運だ
⑤(「かしこく」で) はなはだしく

「貫之(つらゆき)くんに、作った和歌をほめられた。**かしこし**（ 恐れ多い ）。」

「この写真、すごくよく撮れてる！　**かしこき**（ すばらしい ）才能だね。」

「やった、木村くんと同じ班！　**かしこし**（ 幸運だ ）。」

「文化祭の打ち上げ、どうだった？」
「**かしこく**（ はなはだしく ）盛り上がったよ。」

162 けしき

名 ①様子・情景　②顔色・態度
③機嫌　④意向

「新入生はみんな緊張している**けしき**（ 様子 ）だった。」

「**けしき**（ 顔色 ）が悪いよ。保健室に行ったら？」

テストの結果を知った母は、急に**けしき**（ 機嫌 ）が悪くなった。

163 こころぐるし 形 ①（自分が）つらい・苦痛を感じる
②（他人のことが）気の毒だ・心配だ

難民のドキュメンタリー映画を見ていて、**こころぐるしく**
（ つらく ）なった。

全然勉強しないあいつのことが**こころぐるし**（ 心配だ ）。

💡 類義語は 100「いとほし」。

164 すずろなり 形動 ①なんとはなしだ ②むやみやたらだ
③思いがけない ④無関係だ

月曜の朝は、**すずろに**（ なんとはなしに ）だるい。

噂を**すずろに**（ むやみやたらに ）信じるのはよくない。

「**すずろなる**（ 思いがけない ）問題が出ちゃったよ。赤点かも
……。」

僕はこの件とは**すずろなり**（ 無関係だ ）。

¹⁶⁵ **つたなし** 〔形〕①下手だ・未熟だ　②愚かだ
③運が悪い　④みすぼらしい

「**つたなき**（ 下手な ）字だなんて、失礼しちゃう。」

💡 現代語の「つたない（拙い）」も「下手だ・未熟だ」という意味。

「購買のメロンパン、ちょうど売り切れたって。」
「ちくしょー！　**つたなし**（ 運が悪い ）！」

「親に**つたなき**（ みすぼらしい ）格好するなって怒られた。」
「ファッションってのを、わかってないんだよなぁ。」

¹⁶⁶ **ところせし** 〔形〕①場所が狭い・窮屈だ
②気詰まりだ・（精神的に）窮屈だ
③おおげさだ　④面倒だ

「部室が**ところせし**（ 窮屈だ ）。」
「漫画を置き過ぎなんだよ。」

彼の挨拶は、いつも**ところせし**（ おおげさだ ）。

多義語

あやし

不思議な

「なんて あやしき 生き物だろう！」
「チワワがどうかしたの？」

あやし
（①②⑤怪し③④賤し）

形 ①不思議だ　②珍しい
③身分が低い　④みすぼらしい
⑤不届きだ・道理に外れている

「知れば知るほど、昆虫って**あやしく**（ 不思議で ）おもしろいよ。」
「えー、虫とか無理。」

「貫之くんて、なんか品があるよね。」
「当たり前だよ。**あやしき**（ 身分が低い ）人じゃないからね。」

「うっわ、そのダメージジーンズかっけー！」
「だよな！　姉貴に**あやし**（ みすぼらしい ）って言われたけど、
　見る目ねえよな。」

多義語

はかなし

形 ①頼りない　②取るに足りない
③幼い・たわいない

三谷は一見**はかなき**（ 頼りない ）感じだが、やるときはやる男だ。

「**はかなき**（ 取るに足りない ）ことで怒るなよ。」
「は？　プリン1個は**はかなく**（ 取るに足りなく ）ないんだけど？」

169

とぶらふ
（①②訪ふ③弔ふ）

動 ①訪問する ②見舞う
③弔問する・とむらう

「みんな見てるー？ これから彼氏の家を**とぶらふ**（ 訪問する ）
様子を生配信しまーす!!」
「うわ、心底どうでもいい。」

病気の友達を**とぶらふ**（ 見舞う ）。

葬儀には、偉大な小説家を**とぶらふ**（ とむらう ）ための長蛇の
列ができた。

170

さながら

副 ①そのまま ②全部

「寝坊して、慌てて**さながら**（ そのまま ）家を出たから、髪ボ
サボサ。」

「どのケーキもおいしそうで、**さながら**（ 全部 ）食べたくなっ
ちゃう。」

まめやかなり 形動 ①誠実だ・まじめだ ②実用的だ ③本格的だ・本物だ

「私の彼氏って**まめやかなる**（ 誠実な ）人でね、絶対、嘘^{うそ}とか
つかないの。」

「はいはい、リア充でうらやましいですね。」

💡 対義語の **155**「あだなり」は「不誠実だ」という意味。

将来仕事ですぐに使えるような、**まめやかなる**（ 実用的な ）英
語力を身につけたい。

多義語

172

ふるさと 名 ①古都・旧都 ②生まれ故郷 ③なじみの土地 ④自宅・我が家

「京都も奈良も滋賀も、**ふるさと**（ 古都 ）なんだよね。」

「え？ **ふるさと**（ 生まれ故郷 ）って普通一つじゃね？」

やむごとなし

セレブだ

鈴木くんは やむごとなき
一族の御曹司だが、
ジャンクフードが大好きだ。

¹⁷³ **やむごとなし** 形 ①捨てておけない・重大である
②格別に大切だ・貴重だ ③高貴だ

「山田のやつ、**やむごとなき**（ 重大な ）用事だって飛び出して
 いったけど、大丈夫かな。」
「さっき、トイレに駆け込むの見たよ。」

<ruby>貫之<rt>つらゆき</rt></ruby>くんに平安時代の**やむごとなき**（ 貴重な ）巻物を見せて
もらった。

水瀬さんの先祖は**やむごとなき**（ 高貴な ）身分だったので、
みんなから姫様と呼ばれている。

💡 対義語の **158**「いふかひなし」は「身分が低い」という意味。

¹⁷⁴ **みゆ** 動 ①（自然と）見える
②現れる・姿を現す
③（人に）見られる ④（女性が）結婚する

あの雲、猫に**みゆ**（ 見える ）。

今ここにあの子が**みえ**（ 姿を現せ ）ばいいなあ。

多義語

175 あくがる 動 ①さまよい歩く ②心が宙をさまよう ③上の空になる ④疎遠になる

カフェを探して**あくがる**（ さまよい歩く ）。

漫画の続きが気になって、授業中も心が**あくがる**

（ 上の空になる ）。

引っ越し後、旧友と自然に**あくがる**（ 疎遠になる ）。

💡「あくがる」の「がる」は **267**「かる」と同じ。「離れる・遠ざかる」という意味。

176 いかに 副 ①どのように（〜か）・どうして（〜か）
②どうして（〜か、いや〜ない）
③どれほど ④実に

スマホがないと、**いかに**（ どのように ）して友達に連絡を取れ
ばいいのかわからない。

この料理にチーズをかけたら、**いかに**（ どれほど ）おいしいだ
ろう。

177 せちなり

形動 ①切実だ ②すばらしい・感極まる
③大切だ
④(「せちに」の形で) 一途に

お小遣いを上げてもらえるかどうかは、**せちなる** (切実な)
問題だ。

「吹奏楽部の演奏、すごかったね。」
「うん。**せちなり** (感極まる)。」

「私は推しを、一生**せちに** (一途に) 思い続けるよ！」
「いつもそう言ってるけど、推し何人目？」

178 ひま

名 ①隙間 ②絶え間・合い間 ③不仲
④絶好の機会

探していた消しゴムが、机と壁の**ひま** (隙間) にあった。

勉強の**ひま** (合い間) に、音楽を聴いて気分転換をする。

101

かしこまる

お礼を言う

「木村くんが掃除当番代わって
　くれるって。」
「助かる。後で かしこまら なきゃ。」

多義語

¹⁷⁹ かしこまる 動 ①恐れ敬う・恐縮する ②お礼を言う ③わびる ④正座する ⑤承知する

プロの音楽家に自分たちの演奏をほめてもらい、
かしこまる（ 恐縮する ）。

「返してくれたノート、私のじゃなかったよ。」
「えっ！　ごめん、深く**かしこまる**（ わびる ）わ。」

茶道部に入りたいけど、**かしこまる**（ 正座する ）の苦手。

¹⁸⁰ たがふ 動 ①食い違う ②背く・逆らう ③変わる ④間違える

文化祭の出し物について、みんなの意見が**たがふ**（ 食い違う ）。

両親の思いに**たがひ**（ 背い ）てでも、私はラーメン屋になり
たい。

あまりのショックに顔色が**たがふ**（ 変わる ）。

181 ふみ（文・書）　名 ①手紙　②書物　③学問　④漢詩

塾の先生からの**ふみ**（ 手紙 ）に、**ふみ**（ 漢詩 ）が書かれていて、
読むのに時間がかかった。

182 つれなし　形 ①冷淡だ・薄情だ　②平然としている
　　　　　　　　　③なんの変化もない

水瀬さんは、男子に対して**つれなし**（ 冷淡だ ）。

「木村のヤツ、レギュラー外されたのに**つれなし**（ 平然としている ）。」
「いやいや、あの握りしめたこぶしを見ろよ。」

183 よし（由）　名 ①由緒・いわれ　②理由
　　　　　　　　③事情・いきさつ　④手段・方法
　　　　　　　　⑤風情

地元のお寺の**よし**（ 由緒 ）を教わる。

三谷くんが急に勉強をがんばり始めたのには、どんな**よし**
（ 理由 ）があるんだろう。

184
うつろふ （移ろふ） 動 ①移動する　②（葉が）色づく
③（葉が）色あせる・散る
④心変わりする

「芭蕉（ばしょう）くん、旅先で**うつろふ**（ 移動する ）手段は電車派？

バス派？」

「徒歩派。」

「銀杏（いちょう）の葉が**うつろふ**（ 色づく ）のはいつ頃？」

「この辺りは 11 月下旬かな。」

類義語は **068**「うつる」。

185
まうく 動 ①準備する　②作る・設置する
③得をする・利益を得る

寝坊したので、学校に行くために**まうくる**（ 準備する ）時間が

5 分しかない。

文化祭用のアーチを**まうく**（ 設置する ）。

漢字で書くと「設く・儲く」。漢字から意味をイメージしよう。

多義語

うかぶ

暗記する

「先生が、百人一首を
全部 うかべ なさいって。」
「プールに?　お風呂に?」

186 うかぶ

動 ①水面に浮かべる
②暗記する・暗唱する　③出世させる

「貫之_{つらゆき}くんは、古今和歌集_{こきんわかしゅう}をすべて<u>うかぶる</u>（ 暗唱する ）こと
ができるらしいよ。」「マジ!?　1000首以上あるっしょ？」

💡 漢字で書くと「浮かぶ」。現代でも「思い浮かべる」などと使う。

187 おどろく

動 ①はっと気がつく　②目を覚ます
③驚く

<u>おどろく</u>（ はっと気がつく ）と、授業が終わっていた。

物音に<u>おどろき</u>（ 目を覚まし ）てリビングに行くと、お父さん
が筋トレをしていた。

188 あらまし

名 ①期待・予定・計画
②だいたいの様子・概略

「さすがエース！　<u>あらまし</u>（ 期待 ）どおりの大活躍！」

オープンキャンパスで、大学の<u>あらまし</u>（ だいたいの様子 ）はわ
かる。

とがむ

動 ①非難する ②怪しむ・不審に思う ③問いただす

「朝練さぼっただけで、そこまで**とがむ**（ 非難する ）?」

💡 現代でも、相手の非を責めることを「とがめる」と言う。

昼休みに必ずいなくなる木村くんを**とがめ**（ 不審に思い ）、跡をつけたら校舎裏で猫を育てていた。

警官が不審者を**とがむ**（ 問いただす ）。

ほど（程）

名 ①ころ ②広さ ③身分 ④様子

「部活の練習が終わる**ほど**（ ころ ）、差し入れ持っていくね。」

高校に入ったら、校庭の**ほど**（ 広さ ）に驚いた。

真剣に練習に取り組む部長の**ほど**（ 様子 ）を見て、私はこの部活に入ろうと決めた。

191 かしづく　　　　動 ①大事に育てる　②十分に世話をする

「山田くんてすごく礼儀正しいよね。」
「教育熱心な両親に**かしづか**（ 大事に育てら ）れたらしいからね。」

拾った猫を**かしづく**（ 十分に世話をする ）。

192 おこたる　　　　動 ①病気がよくなる　②怠ける

「風邪？　早く**おこたる**（ 病気がよくなる ）といいね。」

たまには**おこたる**（ 怠ける ）のも大切だ。

193 わたる　　　　動 ①移動する・行く・来る
　　　　　　　　　　　②ずっと〜する
　　　　　　　　　　　③一面に〜する

「貫之くんて、いつの時代から**わたっ**（ 来 ）たんだっけ？」

なやむ

病気で苦しむ

「小町さん、**なやむ** ことが多くて
学校休みがちなんだ。」
「恋の悩み？　進路の悩み？」

194 **なやむ**

動 ①病気になる・病気で苦しむ
②困る・苦労する

医者になって、**なやむ**(病気で苦しむ) 人を助けたい。

スマホをどこかで落としたっぽい。めっちゃ**なやむ**(困る)。

💡「困る」という意味の類義語は 052「こうず」。

195 **としごろ**

名 長年の間・数年来

我が**としごろ**(長年の間) の宿敵、眠気！ 今日こそお前に勝 zzz……。

196 **ののしる**

動 ①大声で騒ぐ ②評判が高い

みんなでカラオケに行って**ののしる**(大声で騒ぐ) のは、久しぶりだ。

あれが超高校生級と**ののしる**(評判が高い) ピッチャーか。

197 うるさし

形
① わずらわしい・面倒だ
② わざとらしくていやみだ
③ よく気が回る

今日の宿題は、いつもより**うるさし**（ 面倒だ ）。

井上は笑い方が**うるさし**（ わざとらしくていやみだ ）。

「お前、**うるさき**（ よく気が回る ）性格だから、バイトするなら
　接客業が向いてると思うよ。」
「うーん、接客は疲れるから、いっかな。」

198 いかめし

形
① おごそかだ・厳粛だ
② 盛大だ　③ 激しい・強い

今日のホームルームは、どこか**いかめしき**（ 厳粛な ）雰囲気だ。

卒業生に**いかめしき**（ 盛大な ）拍手を送る。

雨が**いかめしく**（ 激しく ）降っている。

199 **まもる**　　　動 じっと見つめる

この絵、**まもる**（ じっと見つめる ）と別のものに見えてくるらし
いよ。

200 **あたらし**（惜し）　　形 惜しい・もったいない

このケーキ、あんまりおいしいから一度に食べてしまうのは
あたらし（ もったいない ）。

💡「新し」と書く「あたらし」は、現代の「新しい」と同じ意味。

201 **すさまじ**　　　形 ①興ざめだ　②殺風景だ・趣がない

満開の桜の木の下に、ゴミが捨てられていて**すさまじ**
（ 興ざめだ ）。

「何もなくて**すさまじき**（ 殺風景な ）部屋だね。」
「ミニマリストなんで。」

なし

留守だ

「こんにちは。お父さんいますか?」
「父は なし。」

なし　　　　　　　　形 不在である・留守だ

「あれ、今日欠席多いね。」
「今日は大会があるから、水泳部員は**なし**（ 不在である ）。」

さる（避る）　　　動 ①避ける　②断る・辞退する

一番うまいハンバーガーはどれかなんて、無益な論争は**さり**
（ 避け ）たい。

「スカウトされたんだって？　すごいじゃん。」
「まあね。でも**さる**（ 断る ）つもり。芸能界興味ないし。」

つつむ
（①包む②慎む）　　　動 ①隠す　②遠慮する

「アカリって嘘（うそ）**つつむ**（ 隠す ）の、下手すぎ。」

「俺んち寄ってく？」
「んー、今日は**つつむ**（ 遠慮する ）わ。」

古今異義語

205 **おと**

名 ①声・音 ②噂・評判
③便り・音沙汰

特技は芸能人の**おと**（ 声 ）まねです。

「口裂け女の**おと**（ 噂 ）は、うちの学校にもあったよ。」

「芭蕉くん、旅に出てからなんの**おと**（ 便り ）もない。今どの辺りだろう。」
「SNS の投稿見ると、松島にいるっぽい。」

206 **やがて**

副 ①そのまま・引き続き　②すぐに

「この道で、ほんとに合ってる？」
「大丈夫。**やがて**（ そのまま ）進もう。」

「大会近いのに、風邪引いちゃった。」
「一日寝れば、**やがて**（ すぐに ）よくなるよ。」

💡「すぐに」の意味の類義語は **217**「すなはち」。

116

207 ゆるす [動] ①解放する・自由にする
②認める・評価する

保護していた鳥を籠(かご)から**ゆるし**（ 解放し ）、自然に返す。

鈴木くんがイケメンであることは**ゆるす**（ 認める ）けど、私の好みじゃない。

208 めづらし [形] ①すばらしい　②目新しい

強豪校同士の対決だから、**めづらしき**（ すばらしい ）試合になりそうだ。

めづらしき（ 目新しい ）文具を見つけると、つい買っちゃう。

209 おくる（遅る） [動] ①先立たれる　②取り残される

親にとって、子どもに**おくるる**（ 先立たれる ）ことほどつらいことはない。

もよほす

せかす

「デリバリー頼んだのになかなか
届かないから、電話して
もよほしちゃった。」
「さっさとトイレ行きなよ!?」

もよほす

動 せき立てる・催促する

「先生が先週の課題の提出を、ずっと**もよほし**（ 催促し ）てくる。」
「いや、早く出せよ。」

古今異義語

なかなか

副 ①中途半端に・なまじっか
　②かえって・むしろ

「あの二人、なんか険悪な雰囲気だね。」
「**なかなか**（ 中途半端に ）口出ししないほうがよさそうだよ。」

なかなか（ かえって ）脇役の子のほうが主役より目立っていた。

ときめく

動 ①時代の流れに乗って栄える
　②寵愛を受ける

好きだったバンドが、**ときめく**（ 時代の流れに乗って栄える ）こと
なく解散した。

「源氏物語の桐壺更衣みたいに、**ときめく**（ 寵愛を受ける ）人に
　なりたいな。」
「そのせいでいじめられて死んじゃうんだけどね……。」

もてなす

動 ①振る舞う　②待遇する・応対する
③もてはやす

「いいか、相手が強豪校だからってびくびくすんなよ。」
「ああ、なめられないように**もてなす**（ 振る舞う ）よ。」

「貫之くんが貴族だからって、特別に**もてなす**（ 待遇する ）の
はよそうよ。」
「同じ高校生だもんね。」

「小町さんを**もてなし**（ もてはやし ）てたら、水瀬さんが突然
キレた。」
「水瀬さん、ライバル視してるからねー。」

ままに

連語 ①～するとすぐに　②～ので
③～につれて

家を出る**ままに**（ とすぐに ）、隣の家の犬に吠えられた。

「映画のチケットもらったんだけど、一人で行くのは寂しい
ままに（ ので ）、一緒に行かない？」

あながちなり 　形動 ①無理矢理だ・強引だ　②ひたむきだ

「先生とまた目が合った。これは絶対私のこと好きだと思う。」
「それは、ちょっと**あながちなり**（　強引だ　）。」

あながちに（　ひたむきに　）がんばれるのも、才能だと思う。

あからさまなり 　形動 ①ほんのしばらくである
②急だ・突然だ

あからさまに（　ほんのしばらく　）寝るつもりが、気づいたら2時間たってた。

あからさまに（　急に　）空が曇ってきた。

💡 現代で用いられている「露骨だ・明白だ」の意味は、江戸時代以降の比較的新しい使い方。

すなはち 　副 すぐに

おなかが空いてたから、**すなはち**（　すぐに　）食べてしまった。

218

ためらふ

養生する

「先生、 今日お休みだね。」
「せきがひどくて、 家で
ためらは れているみたい。」

218 ためらふ　　　動　①体を休ませる・養生する
　　　　　　　　　　　　　　②感情を抑える・気を静める

明日の試合に向けて、今晩はしっかり**ためらふ**（ 体を休ませる ）。

「そう興奮するな。水でも飲んで**ためらへ**（ 気を静めろ ）。」

219 わざと　　　副　①わざわざ　②特に・とりわけ

「**わざと**（ わざわざ ）来なくていいからね。」
「何言ってんの。友達の晴れ舞台、行くに決まってんじゃん。」

「貫之くん、どうしたの？　うれしそうだね。」
「これまででで**わざと**（ 特に ）よい歌ができたんだ。」

220 かたみ　　　名　①思い出の品　②遺品

「この、サインがたくさんあるサッカーボールは何？」
「部活を引退したときの**かたみ**（ 思い出の品 ）だよ。」

かげ
（①②③影④陰）

名 ①光　②姿　③面影　④物陰

この席、夕方になると日の**かげ**（ 光 ）がまぶしい。

💡 現代と同じように「影」の意味もあるが、もともとは放たれる光を指す言葉。

「もしもし？　**かげ**（ 姿 ）が見えないけど、今日って駅前で
待ち合わせだよね？」
「ごめん、先に改札入っちゃった。」

「目もとにお母さんの**かげ**（ 面影 ）があるね。」とよく言われる。

先生が奥さんと一緒にいるのを見かけて、思わず**かげ**（ 物陰 ）
に隠れてしまった。

しる（知る）

動 ①親しく付き合う　②世話をする
③治める

「あの子とは何がきっかけで、**しる**（ 親しく付き合う ）ことになっ
たの？」
「授業で、たまたま隣の席だったんだよね。」

223 おろかなり

形動 ①いいかげんだ ②愚かだ ③劣っている・下手だ ④～では言い尽くせない

おろかなる（ いいかげんな ）返事をしたら、親にキレられた。

「ギター弾けるんだって？　聞かせて！」
「もっと練習してからね。**おろかなる**（ 下手な ）演奏は聞かせ
たくないから。」

224 いろ

名 ①情趣・風情 ②表情・顔色 ③気配・態度 ④恋愛・色欲

「雨ばかりでいやだね、芭蕉くん。」
「雨の日には雨の日の**いろ**（ 情趣 ）があるよ。」

木村くんは、気持ちがすぐ**いろ**（ 表情 ）に出る。

225 いつしか

副 ①早く ②早くも・もう

「新作ゲーム、**いつしか**（ 早く ）発売されないかなあ。」
「**いつしか**（ もう ）先行販売されているよ。」

ことわる

事情を話す

「貫之くん、なんで遅れたのか
説明してよ。」
「ことわるよ。」「ひどい!」

226 ことわる

動 ①説明する　②判断する

「いい？　もう一度**ことわる**（ 説明する ）よ。」
「やめて。何度も断られると心折れる。」

💡 現代語の「断る」と異なり、「拒絶」「辞退」といった意味はない。

227 こまやかなり

形動 ①繊細で美しい　②心がこもっている
③色が濃い

琴の音色って**こまやかなり**（ 繊細で美しい ）。

「このセーター、思ったより**こまやかなり**（ 色が濃い ）。」
「鮮やかでかわいいよ。」

228 こころにくし

形 ①奥ゆかしい・上品で美しい
②恐ろしい

「私の生け花の先生、マジ**こころにくし**（ 上品で美しい ）。」

したたむ

動 ①整理する ②用意する
③食事をする・食べる ④書き記す

中間テストで点が取れなかったところを**したたむ**（整理する）。

「文化祭の大道具を作ろう。」
「まずは、絵の具と紙を**したたむ**（用意する）よ。」

「今日は、早めに昼食を**したたむる**（食べる）ことにする。」
「早弁ね。」

「英語の上達のために、これから毎日、英語で日記を
　したたむ（書き記す）！」
「三日坊主になる予感しかしない。」

---

230 ついで　　　　　名　①順序　②機会

「明日行く遊園地、どの**ついで**（ 順序 ）でまわろうか？」

---

231 くまなし　　　形　①陰がない・隠れている部分がない
　　　　　　　　　　　②精通している・欠けた点がない

「今晩は、**くまなき**（ 隠れている部分がない ）月だ。」
「んー、つまりは満月ね！」

彼は昆虫博士で、昆虫の生態に**くまなし**（ 精通している ）。

---

232 かまふ　　　　動　①準備する・用意する　②計画する

文化祭でのクラスの出し物を**かまふ**（ 準備する ）。

卒業旅行を**かまふ**（ 計画する ）。

129

ゆめゆめ

ちっとも

「デートすっぽかされたけど、
ゆめゆめ 悲しくないよ。」
「夢じゃない、現実を見るんだ!」

233 ゆめゆめ

①（後に禁止の表現を伴って）
　決して〜するな
②（後に打消の表現を伴って）
　決して〜ない・ちっとも〜ない

「コンサート楽しかったね。」
「この日のことは**ゆめゆめ**（ 決して ）忘れない。」

234 あなかしこ

（後に禁止の表現を伴って）
決して〜するな

「**あなかしこ**（ 決して ）、この漫画のラスト、言うなよ！」

💡 後に禁止の表現を伴わない場合の「あなかしこ」は、「ああ、恐れ多い」という意味。

235 いさ

（後に打消の表現を伴って）
さあどうだか〜ない

「例の噂、ほんとかな？」
「**いさ**（ さあどうだか ）、知らないね。」

131

236　え　　　　　　　　　　（後に打消の表現を伴って）
　　　　　　　　　　　　　　　　〜できない

「山頂までもう少しだよ！」
「もう**え歩けず**（ 歩けない ）。」

237　さらに　　　　　　　　（後に打消の表現を伴って）
　　　　　　　　　　　　　　　　まったく〜ない・全然〜ない

こんなに胸にしみる歌声は**さらに**（ まったく ）聴いたことがない！

238　つゆ　　　　　　　　　（後に打消の表現を伴って）
　　　　　　　　　　　　　　　　まったく〜ない・全然〜ない

「先生、結婚するんだってよ。」
「えっ！　**つゆ**（ 全然 ）知らなかった。」

💡「つゆ」は漢字にすると「露」。「消えやすいもの」「ほんのわずかなもの」を
　指す言葉。

239 おほかた　　（後に打消の表現を伴って）
まったく〜ない・全然〜ない

ジャムの蓋が**おほかた**（　全然　）開かない。

---

240 な〜そ　　どうか〜しないでほしい・
してくれるな

「母さん、明日の日曜日は昼まで**な起こしそ**
（　どうか起こさないでほしい　）。」

---

241 よも〜じ　　まさか〜ではないだろう

満点を取ることなんて**よもあらじ**（　まさかないだろう　）と思ってた。

💡「よも〜じ」の「よも」は副詞、「じ」は打消推量の助動詞。

---

242 をさをさ　　（後に打消の表現を伴って）
ほとんど〜ない・めったに〜ない

大学の入学祝いで万年筆をもらったけれど、**をさをさ**
（　めったに　）使わない。

● よい・悪い

086 **よし** 　形　①よい　②身分が高い・教養がある

109 **よろし** 　形　①悪くない
②普通だ・ありふれている

082 **わろし** 　形　①よくない・正しくない　②下手だ

053 **あし** 　形　①悪い　②不快だ・憎い　③下手だ

💡「よき人」は「身分が高い人」という意味でよく問われるので、覚えておこう。

● 幼い・大人びた

061 **いとけなし** 　形　幼い・あどけない

085 **いはけなし** 　形　幼い

006 **おとなし** 　形　①大人らしい・大人びた
②思慮分別がある

💡「いとけなし」は「年齢的に幼い・あどけない」、「いはけなし」は「年端がゆかず、頼りない感じ」を表す。

安心だ・不安だ

009 うしろやすし　　形 ①安心だ・安心できる　②頼もしい

051 うしろめたし　　形 ①不安だ・気がかりだ　②気がとがめる

かわいらしい

020 うつくし　　形 ①かわいらしい　②きれいだ

132 らうたし　　形 かわいらしい・いとおしい

関連語

病気になる・病気がよくなる

194 なやむ　　動 ①病気になる・病気で苦しむ　②困る・苦労する

192 おこたる　　動 ①病気がよくなる　②怠ける

これまで学んだ古語の意味を、会話から正しく読み取ろう。

最近、**いたづらなり**（暇だ）。あー、彼氏とどこかに出かけたいと**せちに**（切実に）思う。

こないだ彼氏と遊園地に行ったんだけど、**めづらしき**（目新しい）おばけ屋敷があって、**かしこく**（はなはだしく）盛り上がったよ！

おばけ屋敷はこわいけど、彼氏も**ぐす**（一緒に行く）なら大丈夫かも。絶叫系も乗った？

それが……彼氏がこわがっちゃって。**あながちに**（強引に）乗るのもどうかなって、諦めたわ。

それは、**あさまし**（がっかりだ）。絶叫系、私も乗りたい派だから、そうだったら**くちをし**（残念だ）。

うん。彼も**かしこまっ**（わび）てた。一緒にいる**だけ**で幸せだから、全然いいのに。

そういう関係性、いいね。私も**いつしか**（早く）彼氏と出かけたい！

3章

特有語
敬語
連語

(243〜302)

「テストのおわりに」

今回の古典の
テスト、割と
いい線いったわ…
これはきっと、
過去最高得点
だな…。

へー！がんばった
じゃん。

でもイマイチわからないやつも
あったな。えーと…
「えもいはず」とか。

連語だね。慣用表現として、ひとまとまりで覚えちゃうといいよ。

さるべき
されぱこそ
いかがはせむ
…など

へー！
そんなのもあるのか。

あと、敬語が難しい。

「たまふ」と
「のたまふ」と
「たまはる」とか…

ややこしい…

敬語の使い方は、やっぱり貫之くんに聞いてみるのがいいと思うけど…

くるっ

げっ

きょ、今日はたゆし！

また明日！

ぴゅーーーっ

あっ

貫之くん待ってー!!

139

たゆし

だるい

「たゆし とか言ってないで、
　出かけようよ。」
「芭蕉くん、ほんと旅好きだよね。」

243 たゆし

形 ①疲れている・だるい
②気が利かない・にぶい

「今日はなんか**たゆし**（ だるい ）。」
「昨日の練習、ハードだったもんね。」

「**たゆき**（ にぶい ）やつだな。あの子、お前に気があるんだよ。」

244 あなかま

感 ああ、やかましい・しっ・静かに

「見て見て！　きれいな鳥。」
「**あなかま**（ 静かに ）！　逃げちゃうよ。」

245 あらぬ

連体 ①ほかの・別の
②意外な・とんでもない

「この参考書、使いづらいな。**あらぬ**（ 別の ）本を探そう。」

「ずっと気になってたんだけど、二人って付き合ってるの？」
「**あらぬ**（ とんでもない ）誤解だよ。幼なじみなだけ。」

246 ありく 　　　　　動 ①動き回る　②〜して回る

飼い猫が逃げてしまい、近所を**尋ねありく**（ 尋ねて回る ）。

💡 現代語の「歩く」と異なり「ありく」は広く移動することを意味し、人以外に動物や車、舟などが移動する様子にも用いる。

---

247 うちつけなり 　形動 ①突然だ・だしぬけだ
　　　　　　　　　　　　　②ぶしつけだ・露骨だ　③軽率だ

うちつけに（ だしぬけに ）告白されて、頭が真っ白になった。

水瀬さんをデートに誘ったら、**うちつけに**（ 露骨に ）嫌な顔された。

---

248 おきつ 　　　　　動 ①あらかじめ決めておく
　　　　　　　　　　　②指図する・命令する

負けたときの罰ゲームを**おきつる**（ あらかじめ決めておく ）ことにしよう。

上から目線で後輩に**おきつる**（ 指図する ）ばかりでは、よい部長とはいえない。

249 **おこす**（遣す）　　　　動 よこす・送ってくる

リンゴ農家の祖父母は、毎年リンゴを**おこす**（ 送ってくる ）。

250 **おとなふ**　　　　動 ①音を立てる・声を出す　②訪問する
③手紙を出す

「あー、びっくりした。思わず**おとなふ**（ 声を出す ）ところだった。」

定年退職した小学校の恩師の家を**おとなふ**（ 訪問する ）。

💡「訪問する」という意味の類義語は 169「とぶらふ」。

251 **おほけなし**　　　　形 ①身のほど知らずだ・分不相応だ
②恐れ多い・もったいない

「あいつ、放課後に芭蕉くんと連歌するんだって。」
「**おほけなし**（ 身のほど知らずだ ）。」

「きみの短歌、いいね。センスあるよ。」
「**おほけなき**（ もったいない ）お言葉！」

しほたる

ボロ泣きする

「この映画、すごくよかったね。」
「うん、私も しほたれ た。」

²⁵² **しほたる**　⬚動 ①ぐっしょり濡れる
②涙で袖が濡れる

傘を忘れたので、**しほたれ**（ ぐっしょり濡れ ）てしまった。

「木村くんって案外、卒業式で**しほたるる**（ 涙で袖が濡れる ）タ
イプだよね。」
「わかる〜!!」

---

²⁵³ **およすく**　⬚動 ①成長する
②（年のわりに）大人びる・ませる

子どもってほんと、あっという間に**およすく**（ 成長する ）。

僕の妹は**およすけ**（ ませ ）ていて、時々僕を子ども扱いする。

---

²⁵⁴ **かたみに**
（互に）　⬚副 お互いに・交互に

団体競技は、**かたみに**（ お互いに ）信頼し合うことが大切だ。

💡「形見」と書く**220**「かたみ」は「思い出の品」という意味の名詞で、別の言葉。

255
よ (世)

名 ①男女の仲　②世間・俗世

「二人の**よ**（ 男女の仲 ）はどんな感じ？」
「友情半分、愛情半分ってとこかな。」

256
こしらふ
（誘ふ・慰ふ）

動 なだめる・なだめすかす

「木村くん、部活辞めるって騒いだんだって？」
「そうなんだよ。部員総出で**こしらへ**（ なだめ ）たよ。」

257
こちたし

形 ①仰々しい　②はなはだしい

校長先生の話は、いつも長いし**こちたし**（ 仰々しい ）。

💡「仰々しい」という意味の類義語は **108**「ことごとし」。

「今夜はすき焼きだ」と言って、父が**こちたき**（ はなはだしい ）
量の肉を買ってきた。

146

258
がり　　　　　　　　名 〜のところへ・〜のもとへ

答案を集めて、先生の**がり**（ ところへ ）持っていく。

259
こちなし　　　　形 ①無作法だ・無礼だ
　　　　　　　　　　　　②無骨だ・無風流だ

「先生に**こちなき**（ 無礼な ）態度をとるのはよくないよ。」
「正しいと思ったことを言ったまでだよ。」

💡「無礼だ」という意味の類義語は **150**「なめし」。

写真だけ撮って景色を味わわないなんて、**こちなし**（ 無風流だ ）。

特有語

260
さうなし　　　　　　形 ①並ぶ者がない　②決着がつかない
（①双無し②③左右無し）　　　③ためらわない・簡単だ

彼は**さうなき**（ 並ぶ者がない ）バスケ選手だ。

試合は**さうなき**（ 決着がつかない ）まま、延長戦へともつれこんだ。

ざえ

才能

「貫之くんのつくる短歌、
なんかいいよねえ。」
「うん、ざえ があるよね。」

261 ざえ

名 ①学識・教養　②(芸術的な)才能

「貫之<small>つらゆき</small>くんって万葉集を万葉仮名<small>まんようしゅう</small>のまま読めるんだって。」
「古典文学の**ざえ**（ 教養 ）が豊かだよね。」

私も絵の**ざえ**（ 才能 ）がほしい。

262 そのかみ

名 ①昔　②当時・あの頃・その時

「この洞窟は、**そのかみ**（ 昔 ）空海<small>くうかい</small>が修行をした場所らしいよ。」

昨日テレビで見たお笑いコンビのコント、**そのかみ**（ その時 ）
はそうでもなかったのに、今になってなんかじわる。

263 やをら

副 静かに・そっと

野良猫が窓から**やをら**（ 静かに ）入ってきて、びっくりした。

264 ひがこと

名 ①間違い・誤り
②道理に外れたこと・悪事

自分の**ひがこと**（ 誤り ）を素直に認められる人になりたい。

ひがこと（ 道理に外れたこと ）をしてまで、お金持ちになりたくはない。

💡「道理」を指す言葉は 138「ことわり」。

---

265 うす

動 ①消える・なくなる　②いなくなる・死ぬ

部室で漫画を読んでいたら、いつの間にか部員がみんな**うせ**（ いなくなっ ）ていて、あわてて体育館に向かった。

---

266 やうやう

副 しだいに・だんだん

校庭の銀杏が**やうやう**（ だんだん ）色づいてきた。

²⁶⁷ **かる** （離る）　動 ①離れる・遠ざかる
②疎遠になる・関係が絶える

大学進学のため、地元を**かる**（ 離れる ）。

---

²⁶⁸ **ゆくりなし**　形 ①思いがけない・突然だ
②不用意だ・軽率だ

雨が**ゆくりなく**（ 思いがけなく ）降ってきたので、近くのコンビニで雨宿りをした。

ゆくりなき（ 不用意な ）発言をしないように注意したい。

💡「突然だ」「軽率だ」という意味の類義語は **247**「うちつけなり」。

特有語

---

²⁶⁹ **をこなり**　形動 愚かだ・ばかげている

「昨日、大盛ラーメン 2 杯食べたら、おなか壊した。」
「うわ、**をこなり**（ 愚かだ ）。」

きこしめす

召し上がる

「小町さん、差し入れありがとう。」
「遠慮しないで、どうぞきこしめして。」

270 きこしめす

[尊敬] ①お聞きになる　②召し上がる

先生は僕の悩みを**きこしめす**（ お聞きになる ）と、一冊の本を貸してくださった。

271 います

[尊敬] ①いらっしゃる（「いる」「行く」「来る」の尊敬語）②〜ていらっしゃる

「明日はOBの先輩がわざわざ**いまする**（ いらっしゃる ）から、しっかり挨拶してくださいね。」

「ねえ見て。憧れの小町(こまち)先輩が笑い**います**（ 笑っていらっしゃる ）。」
「笑い方ひとつにも気品があって、憧れちゃう。」

💡 ②の意味では「活用語の連用形+います」の形で使う。

272 しろしめす

[尊敬] ①ご存じである②お治めになる・領有なさる

貫之(つらゆき)先輩は、和歌だけでなく歴史についてもよく**しろしめす**（ ご存じである ）。

273 **おぼす**　　　　　尊敬 お思いになる

「私が大会で優勝したら、先輩はどう**おぼす**（ お思いになる ）か
な。」

💡 類義語は「おもほす」「おぼしめす」。

274 **まゐる**　　　　　尊敬・謙譲 ①参拝する　②参上する
（①②③謙譲④尊敬）　　　　　　　③差し上げる　④召し上がる

「この神社に**まゐる**（ 参拝する ）のは初めてです。」
「でしたら、名物の団子を**まゐる**（ 召し上がる ）とよいですよ。」

275 **たてまつる**　　　尊敬・謙譲 ①差し上げる　②召し上がる
（①謙譲②③④尊敬）　　　　　　③お召しになる　④お乗りになる

学校説明会に訪れた中学生と保護者の方に、校内の案内図を
たてまつる（ 差し上げる ）。

「まさか小町先輩が同じ電車に**たてまつる**（ お乗りになる ）なん
て、マジびっくりした。」
「てか、小町先輩の**たてまつる**（ お召しになる ）服、見た？
センスよすぎてヤバ。」

276 おほとのごもる　尊敬　お眠りになる・お休みになる

「西野先輩、美容のために毎晩９時には**おほとのごもる**
（ お眠りになる ）そうだよ。」「私も今晩からそうしよ！」

277 ごらんず　尊敬　ご覧になる

来場した保護者が、文化祭の出し物を**ごらんず**（ ご覧になる ）。

278 たまふ

尊敬 四段：①お与えになる・くださる
　　　　　②お（ご）〜になる
謙譲 下二段：①いただく　②〜（ており）ます

ＯＢの先輩方がアイスの差し入れを**たまふ**（ くださる ）。

文化祭での生徒のコントに、先生方が笑い**たまふ**
（ お笑いになる ）。

先生の絵が、コンクールで入選したと聞き**たまふ**
（ 聞いております ）。

💡「たまふ」が下二段活用の場合は謙譲となる。たいていの場合「見る」「聞く」「思ふ」の後に添えて用いられ、「〜（ており）ます」と訳す。

のたまふ

おっしゃる

「先生が **のたまふ** には、今上野で
やってる書道展がすごいらしいよ。」
「えー、上野ならパンダが見たい。」

279 **のたまふ** 尊敬 おっしゃる

先生の**のたまふ**（ おっしゃる ）ことは心にしみるなあ。

💡 類義語は「おほす（仰す）」。

280 **たまはる** 謙譲 いただく・頂戴する

校長先生から優勝トロフィーを**たまはる**（ 頂戴する ）。

281 **つかうまつる** 謙譲 ①お仕えする ②～して差し上げる ③お（ご）～申し上げる

王女に**つかうまつる**（ お仕えする ）騎士の役を演じる。

観光客の外国人に、道を案内**つかうまつる**（ 案内して差し上げる ）。

先生に入試の結果を伝え**つかうまつる**（ お伝え申し上げる ）。

282 まかる

[謙譲] ①退出する・おいとま申し上げる
②参上する・参る

「校長室入るの初めてで、緊張したー。**まかる**（ 退出する ）ときはほっとしたよ。」

283 まゐらす

[謙譲] ①差し上げる
②お（ご）〜申し上げる

「先生の結婚祝い、何を**まゐらす**（ 差し上げる ）？」

貫之くん、スマホの使い方なら、私が**教えまゐらす**（ お教え申し上げる ）よ。

284 きこゆ

[謙譲] ①申し上げる
②（手紙を）差し上げる
③お（ご）〜申し上げる

「先生に**きこゆる**（ 申し上げる ）ことがあります。」

小町先輩にラブレターを**きこゆ**（ 差し上げる ）。

「実は俺、西野先輩を慕い**きこゆ**（ お慕い申し上げる ）。」

けいす　　　　　謙譲　（皇后や皇太子に）申し上げる

286 **そうす**　　　　　謙譲　（天皇や上皇に）申し上げる

「貫之くんは、皇后陛下に歌の感想を**けいし**（ 申し上げ ）たこ
とがあるらしいよ。」

「さらに歌集の編纂について、天皇陛下に自分の考えを**そうし**
（ 申し上げ ）たこともあるらしい。」

「もうなんか、次元が違いすぎる。」

さぶらふ　　謙譲・丁寧　　①お仕えする　②参上する
（①②謙譲③丁寧）　　　　　③おります・ございます

「鈴木くんちに行ったら、**さぶらふ**（ お仕えする ）メイドさん
が何人もいてびびった。」

「マジか。指を鳴らすとメイドが**さぶらふ**（ 参上する ）とか？」

「いや、さすがにそれはない。」

「ここに**さぶらふ**（ ございます ）のは、平安京の再現模型です。」

「なかなか忠実に再現されていますね。」

💡「さうらふ」も同じ意味。

敬語

さればこそ

やっぱり

「実はさ、鈴木くんに告られたんだ。」
「さればこそ！　彼、あんたのこと
　よく見てたし。」

288 さればこそ　　思ったとおりだ・案の定だ

「木村先輩、スポーツ推薦で合格したって。」
「**さればこそ**（ 案の定だ ）。インターハイで大活躍だったもんね。」

💡「さればよ」も同じ意味。

289 あかず　　①もの足りない　②飽きることのない

「山田くんが描いた漫画、**あかず**（ もの足りなく ）思うなら、何かアドバイスしてあげれば？」

桜の花をいつまでも**あかず**（ 飽きることなく ）眺める。

290 あるかなきか　①あるのかないのかわからないほどだ
②生きているのかいないのかわからないほどだ

あるかなきか（ あるのかないのかわからないほど ）の小さな虫にも、人と同じように命がある。

161

291

いかがはせむ

①どうしようか、いや、どうにもならない（反語）
②どうしたらよいだろうか（疑問）

「え、次の時間、単語テスト？　忘れてたー！

いかがはせむ（ どうしようか、いや、どうにもならない ）。」

292

いふはかりなし

言葉では言い尽くせない

富士山の山頂から望むご来光の美しさは、**いふはかりなし**

（ 言葉では言い尽くせない ）。

💡「いふばかりなし」とも言う。漢字で書くと「言ふ計り無し」。「計り」は「限度」の意。言葉の表現の限度を超えている、ということ。

293

いふもおろかなり

言葉では言い尽くせない

「推しのライブ、どうだった？」
「**いふもおろかなり**（ 言葉では言い尽くせない ）。」

294 いへばさらなり　　今さら言うまでもない

小町<ruby>小町<rt>こまち</rt></ruby>さんの美しさについては、**いへばさらなり**

（　今さら言うまでもない　）。

---

295 かずならず　　取るに足りない・物の数ではない

「去年の優勝校相手じゃ、どうにもならないよ。」
「いや、**かずならざる**（　取るに足りない　）相手だと思われている
　ところに勝機がある。」

---

296 けしうはあらず　　それほど悪くはない

「<ruby>貫之<rt>つらゆき</rt></ruby>くん、短歌作ってみたんだけど、どう？」
「うん、**けしうはあらず**（　それほど悪くはない　）。」

💡「けしう」は「けし」の連用形「けしく」のウ音便。「けし」は「異し・怪し」と
　書き、「異様だ・変だ」の意。

297 さりとも　　そうであっても・だからといって・いくらなんでも

「ドストエフスキーの『罪と罰』を1日で読破したぞ。」
「**さりとも**（ そうであっても ）流し読みじゃ意味なくね？」

---

298 さるべき　　①ふさわしい・相応な　②立派な
③そうなって当然の

過度な贅沢_{ぜいたく}はせず、**さるべき**（ 相応な ）生活を送る。

---

299 さるものにて　　もちろんのこととして・言うまでもなく

このお弁当、おいしいのは**さるものにて**（ もちろんのこととして ）、
肉の量が半端なくて食べ応えがある。

---

300 そこはかとなし　　①はっきりわからない
②これといった理由がない・とりとめがない

雲を眺めながら、**そこはかとなき**（ とりとめがない ）ことをぼん
やり考えていた。

301 えもいはず

なんとも言いようがない
（ほどすばらしい／ひどい）

「このＴシャツ、原宿で買ったんだけど、どうかな。」
「**えもいはず**（ なんとも言いようがなく ）おしゃれだね。」

💡 呼応の副詞 **236**「え」を用いた表現。

302 こころあり

①風流を解する心がある　②分別がある
③思いやりがある

先生は**こころある**（ 風流を解する心がある ）人で、いつも教室に季節の花を飾っている。

次の文章は、本書に登場する紀貫之が平安時代に戻り、
しばらくしてから書いたものである。
よく読んで後の問いに答えよ。

1 　男もす① なる日記といふものを、女もしてみむとてする② なり、と記し
しより幾年。世にも聞こえ、もて騒がれしかど、③ かの書にはものせざる、
あやしきことのあれば、そのよしいささかに書きつく。

　*ある人、いまだ宮仕へせざるに、鞠にて遊びたる折、思ほえず頭に当
たりて*うつし心を失ひぬ。あなやと云ひしもさだかならぬに、驚きて目
を開くれば、見も知らぬ世に至りぬ。硬き床にて臥し、齢同じからむ男
女の取り囲みて、まもりゐたり。装束、つらつき、みぐしなど見慣れぬ
さまなれど、④ うるはしくめやすし。

　「う、そ」「ま、じ、か、よ」など異様なる声のしければ、やや起きて「こ
はいづこにはべる」と問ひしに、一人のさかしき男進み出でて「京の都
なり。君はいづれの世より来たる」と云ふ。*仁和の御世にありしことを
語れば、⑤ かたみにあさましく思ふこと限りなし。

　さるに、おとなしき者来たりて云ふやう、「⑥ かかることはめづらしか
らず。古より*時移りせし者は幾人もあり。な心置きそ。⑦ もろともに学
ばむ」と。皆も勧むれば、かくて其処の学生となりぬ。

　　　　*ある人 ……………紀貫之のこと。
　　　　*うつし心 …………正気。
　　　　*仁和の御世………平安時代（890 年頃）。
　　　　*時移り ……………時代を移動すること。
　　　　　　　　　　　　　ここでは「タイムスリップ」の意味
　　　　　　　　　　　　　で用いている。

問1 傍線部①②はともに助動詞「なり」である。
それぞれの意味を答えよ。

問2 傍線部③「かの書」とあるが、
紀貫之の書いた日記の名を漢字で記せ。

問3 傍線部④⑤の解釈として正しいのはどれか。
それぞれ一つ選んで、記号で答えよ。

④ ア　美しく優しい。
　　イ　端正で見た目がよい。
　　ウ　優美で見やすい。
　　エ　きれいで落ち着きがある。

⑤ ア　互いに驚くことこの上ない。
　　イ　自分を気の毒に思うことこの上ない。
　　ウ　とてもありえないと思うことこの上ない。
　　エ　どうにもならないと思うことこの上ない。

問4 傍線部⑥「かかること」とはどういうことか。
簡潔に説明せよ。

問5 傍線部⑦を口語訳せよ。

問6 本文の内容に合致するものをすべて選べ。

　　ア　紀貫之は〈時移り〉した後、すぐには口が利けなかった。
　　イ　昔から〈時移り〉がしばしば起きていた。
　　ウ　男女は紀貫之がどこから来たのかを知らなかった。
　　エ　紀貫之は皆に歓迎されて、一緒に学ぶようになった。
　　オ　紀貫之が書いた日記には、〈時移り〉について書かれていた。

2 和歌は① 人の心を種として、万の言の葉とぞなれりける。世の中にある人、心に思ふことを、見るもの聞くものにつけて、言ひ出せるなり。力をも入れずして天地を動かし、目に見えぬ*鬼神をもあはれと思はせ、男女の仲をも和らげ、猛き武士の心をも慰むるは歌なり。

しかあれど、令和の世に至りて、和歌を詠む者は稀なりと云ふ。春を待ちて咲く花、山の端より出づる月を見ても、あなと云ひ、をかしと愛で、*万板を出だしてながめを写すのみ。花の心、月への思ひにうとく、② いふかひなきよしなしごとを*書き散らすばかりにては、いかでもののあはれを知らんや。*色の方にても、歌を介せず、電子文字（メール）の諾否にてやみぬるはいとあいなし。絵文字を借るは③ さらなり。令和なる世、便よき*仕掛けの多かれど、人の心、*色につきけるにより、なさけにうとくなりたるは口惜しきことなり。

松虫の音に友をしのび、*女郎花のかしかましきをかこつにも、歌をいひてぞ慰めける。なべて歌てふものは人の心の糧にして、救ひにもならむ。たとひ時移り事去り、楽しびかなしびゆきかふとも、この道のたえて消ゆることなし。令和の男女も万板をしばし置きて、和歌を詠むを旨とせん。

*鬼神 …………………死者の霊魂のような超自然的存在。

*万板 …………………万能の用途がある板。ここでは「スマホ」のこと。

*書き散らす…………ここでは「SNSに投稿する」という意味で用いられている。

*色の方 ………………恋愛の方面。

*仕掛け ………………装置。ここでは「機器」のこと。

*色につき …………華美に走り

*女郎花のかしかましき
…………………女性が美しさを競い合っていることのたとえ。

問1 傍線部①「人の心」とは人間の感情のことだが、本文中には感情を表す形容詞がいくつか使われている。そのうち終止形のものを一つ抜き出して記せ。

問2 筆者は、令和において和歌が廃れたと述べているが、その理由をどのように考えているか。簡潔に説明せよ。

問3 筆者は、令和の人が感興を和歌に詠まず、万板（スマホ）で投稿するだけで終わらせていることを残念だと思っている。その理由を述べている部分を十五字以内で抜き出せ。

問4 傍線部②③の解釈として正しいのはどれか。それぞれ一つ選んで、記号で答えよ。

② ア　どうにもならない意味もないこと。
　　イ　取るに足りないつまらないこと。
　　ウ　言っても仕方がないこと。
　　エ　言いようもなく価値のないこと。

③ ア　その通りである
　　イ　とてもよくない
　　ウ　言う価値がない
　　エ　言うまでもない

問5 本文の主張を表す一文を抜き出し、最初の五字を記せ。

問6 筆者の述べる和歌の価値として、正しいものをすべて選べ。

ア　男女の仲を良くする。
イ　人生の指針となる。
ウ　不満を慰める。
エ　悲しみを和らげる。
オ　情趣を感じやすくする。

3 ①<u>唐の賢人</u>の云へらく「学びて思はざれば則ち罔し、思ひて学ばざれば則ち殆し」と。これ学の本なるに、令和の学生を見れば、せはしげにて、のどかに思ふ暇なし。古は算道、文章道などを学するが例なるに、令和にては英国話法（英語）、物質究理（物理）、電算技能（情報）など見慣れぬ科目あまたあり。講に出でしも、*しるべなき闇をたどるがごとく、つゆ解せず。ところせき*局のうちを見回すに、同じからん者のあまたありて、寝ぬる者、*万板をもてあそぶ者などあり。

かくてあらんやはと思へども、まことは②<u>さにあらず</u>。③<u>懈怠</u>はとばかりにて、考試迫れば、つらつき変じてねんごろに修せり。朱点取るも稀なり。さて各々大学寮に進み、あるは天地のことわりを究め、あるは古をたどり、またあるは文をつくる。*学の積もりは松の葉④<u>の</u>散り失せずして、葛の長く伝はり、大和を興す礎となりぬ。これあまねく学生どものわざにして、その*才⑤<u>ゆゆしといふもおろかなり。</u>

令和の世にては忘れがたく、興あること多かれど、え尽くさず。とまれ、学びしことを思ひ出でて、うつし世の益とせん。

*しるべ ……………… 導き・案内。
*局………………… 部屋。ここでは「教室」のこと。
*万板 ……………… 万能の用途がある板。ここでは「スマホ」のこと。
*学の積もり ………… 学問の集積。
*才………………… 学才・技能。

問1 傍線部①は誰のことか、漢字で記せ。

問2 傍線部②「さにあらず」について、
筆者がそのように判断した理由を説明せよ。

問3 傍線部③⑤の解釈として正しいのはどれか。
それぞれ一つ選んで、記号で答えよ。

③　ア　怠けるばかりで
　　イ　怠け心があるだけで
　　ウ　怠け心がきっかけとなって
　　エ　怠けるのは少しの間で

⑤　ア　すばらしいという言葉では言い尽くせない。
　　イ　不吉だというのはいい加減である。
　　ウ　劣っているというのは愚かである。
　　エ　格別に優れているわけではない。

問4 傍線部④「の」と同じ意味のものを次から一つ選んで、記号で
答えよ。

　　ア　雪のおもしろう降りたりし朝。
　　イ　行く水のはやくぞ人を思ひそめてし
　　ウ　世のあはれもまさりけり。
　　エ　白き鳥の嘴の赤きが水の上に遊びつつ魚を食ふ。

問5 筆者の考え方として正しいものをすべて選んで、記号で答えよ。

　　ア　令和の学生は、学問の基本を理解していないので嘆かわしい。
　　イ　令和の学生は、多くの教科を学ばなくてはならないので大変だ。
　　ウ　令和の学生が、授業を真剣に聞いていないのは情けない。
　　エ　日本の国が発展したのは、学生たちが勉強をしたお陰である。
　　オ　令和の学問は理解できないので、平安時代で役立てることはで
　　　　きない。

1
〈解答〉

問1 ①伝聞　②断定

問2 土佐日記

問3 ④イ　⑤ア

問4 例 昔の人がタイムスリップして京の都にやってくること。

問5 例 一緒に学ばないか

問6 イ、ウ、エ〈順不同〉

〈解説〉 **問1** 助動詞「なり」は、体言や連体形に接続するときは断定、終止形に接続するときは伝聞・推定となる。①「すなる」はサ変動詞「す（終止形）」に接続しているので伝聞・推定であり、文脈から伝聞となる。②「するなり」は連体形の「する」に接続しているので断定である。

問3 ④「うるはし」は「きちんとしている、整っていて美しい」。「めやすし」は「見て感じがよい」。⑤「かたみに」は「互いに」、「あさまし」は「驚きあきれるほどだ」という意味である。

問4 「かかること」は「このようなこと」と訳す。おとなしき者は続いて「過去からタイムスリップした者は何人もいる」と述べている。

問5 助動詞「む」が文末にある場合、主語が一人称なら意志に、二人称ならば勧誘が適当になる。この場合「学ぶ」の主語は紀貫之（二人称）なので、「一緒に学ばないか」という勧誘になる。

問6 ア、紀貫之は〈時移り〉してすぐに「ここはどこか」と問うている。イ、大人びた人は「過去からタイムスリップした者は何人もいる」と述べている。ウ、「かたみにあさましく思ふ」から判断する。エ、最後の部分に書かれている。オ、最初の部分に「かの書にはものせざる……」とある。

〈口語訳〉 　　男も書くという日記というものを、女も書いてみようと思って書くのである、と書いてから何年（も過ぎてしまった）。世間の評判となり、もてはやされたけれど、あの本には書かなかった不思議なことがあるので、そのことを少し書きつける。

　　ある人（私）がまだ宮仕えをしない頃に、蹴鞠で遊んでいた時、思いがけず（鞠が）頭に当たって正気を失った。「ああ」と言ったのもはっきりとしないうちに、はっとして目を開くと、見知らぬ世界に至った。硬い床に横になり、年齢の同じような男女が取り囲んで見守っていた。服装、顔つき、髪など見慣れない様子だが、端正で見た目がよい。「嘘」「マジかよ」など変わった声がしたので、少し起きて「ここはどこですか」と尋ねると、一人の賢そうな男子が進み出て「京の都だ。君はどの時代からやって来たのか」と言う。仁和という時代にいたことを語ると、互いに驚くことはこの上ない。

　　そうしているうちに、大人びた人（先生）が来て言うには、「このようなことは珍しくない。過去からタイムスリップした者は何人もいる。遠慮してくれるな。一緒に学ばないか」と。皆も勧めるので、こうしてそこの学生となった。

2 〈解答〉

問1 あいなし（をかし）

問2 例 人の心が華美に走り、情趣を解する心が薄くなったから。

問3 いかでもののあはれを知らんや

問4 ②イ　③エ

問5 令和の男女

問6 ア、ウ、オ〈順不同〉

〈解説〉

問1 文中の感情を表す語は他に「口惜しき」があるが、連体形である。

問2 第二段落の後半「令和なる世、便よき仕掛けの多かれど」以降に書かれている。

問3 スマホに対する思いは第二段落の「いふかひなきよしなしごとを書き散らすばかりにては」以降に書かれている。「いかで」には疑問、反語、「どうにかして」という意味があるが、ここは反語である。

問4 ②「いふかひなし」は「どうしようもない、取るに足りない」、「よしなし」は「つまらない、関係がない」、③「さらなり」は「もちろんだ、言うまでもない」と訳す。

問5 現代文と同じように、筆者の主張は最後にくる場合が多い。筆者は和歌が詠まれなくなったことを残念に思っているので、文章末の「和歌を詠む旨とせん」が主張の部分となる。

問6 アは「男女の仲をも和らげ」、ウは「女郎花のかしかましきをかこつにも、歌をいひてぞ慰めける」が根拠となる。オは「いかでもののあはれを知らんや」から、令和では和歌を詠まないために情趣を知らない、つまり和歌が詠まれていた頃は誰もが情趣を解していたということになる。

〈口語訳〉

　　和歌というのは、人の心を種として、無数の言葉になった（ものである）。世の中にいる人々が、心に思うことを見たこと聞いたことに託して言い出したの（が歌）である。力を入れないで天地の神々の心を動かし、目に見えない霊魂をもしみじみと感じさせ、男女の仲をも良くし、いかつい武士の心を和やかにするのは歌である。

　　そうではあるけれど、令和の世になって、和歌を詠む者は稀であるという。春を待って咲く花や山の端より出る月を見ても、ああと言い、素敵だと称賛して、スマホを出して風景を写すだけである。花の心や月への思いに関心がなく、取るに足りないつまらないことを SNS に投稿するだけでは、どうしてしみじみとした情趣を知るだろうか（いや、知らない）。恋愛の方面でも、和歌を仲介とせず、メールの諾否で終わってしまうのはたいそうつまらない。絵文字を借りるのは言うまでもない。令和という世には便利な機器が多いけれど、人の心が華美に走ったことによって、情趣を解する心が薄れてしまっているのは残念なことである。

　　鈴虫の声を聞いて（昔の）友をしのび、女性が美しさを競い合っていることに不満を述べる場合にも、歌を詠んで慰めた（ものである）。すべて歌というものは人の心の種であり、救いにもなるだろう。たとえ時勢が移り変わり、楽しみや悲しみが行ったり来たりしても、この和歌の道が絶えて消えることはない。令和の男女もスマホをしばし離して、和歌を詠むことを重んじてはどうか。

173

<table>
<tr>
<td rowspan="5">**3**
〈解答〉</td>
<td>**問1** 孔子</td>
</tr>
<tr>
<td>**問2** 例 試験が近づくと熱心に勉強するから。（怠けるのは少しの間だけだから。）</td>
</tr>
<tr>
<td>**問3** ③エ ⑤ア</td>
</tr>
<tr>
<td>**問4** イ</td>
</tr>
<tr>
<td>**問5** イ、エ〈順不同〉</td>
</tr>
</table>

〈解説〉　**問1**　「学びて思はざれば〜」は孔子の『論語』の有名な一節である。

　　　　問2　「さにあらず」は「そうではない」と訳し、それ以降に理由が書いてある。

　　　　問3　③「とばかり」は「少しの間」という意味。⑤「ゆゆし」は「不吉だ」以外に「すばらしい」「程度がはなはだしい」などの意味がある。「おろかなり」は「言ふも」「言へば」に続く場合は「言葉では言い尽くせない」という意味になる。

　　　　問4　「松の葉の散り失せずして」の「の」は比喩（〜のように）である。アは主格（〜が）、ウは連体修飾格（の）、エは同格（で）となる。

　　　　問5　ア、「嘆かわしい」とは書かれていない。ウ、怠惰な面もあるが、試験前には熱心に勉強するので、「情けない」と思っているわけではない。オ、最後に「学びしことを思ひ出でて、うつし世の益とせん」とある。

〈口語訳〉　　　中国の賢者が言うには「学んで自分で考えなければ、学問は身につかない。自分で考えるだけで学ぼうとしなければ、独断に陥って危険である」と。これが学ぶ基本であるのに、令和の学生を見ると、忙しそうにして落ち着いて考える暇がない。昔は算道や文章道を学ぶのが通例であるが、令和では英語や物理、情報など、見慣れない科目がたくさんある。授業に出たけれども、案内がない闇をたどるようでまったく理解できない。狭い教室を見回すと、同じような者がたくさんいて、寝る者、スマホをいじる者などがいる。

　　　　　　　これでよいのだろうか（いや、よくない）と思うけれども、（学生たちの）実態はそうではない。怠けるのは少しの間で、試験が迫ると、顔つきが変わって熱心に学習する。赤点を取る者も稀である。やがてそれぞれ大学に進学し、ある者は自然の原理を研究し、ある者は昔のことを調べ、またある者は文芸を創る。学問の集積は松の葉のように散り失せないで、葛のように長く伝わり、日本を興す礎となった。これはすべて学生たちのなしたことであり、その学才や技能はすばらしいという言葉では言い尽くせない。

　　　　　　　令和の世では忘れがたく、興味のあることが多いけれど、書き尽くすことはできない。ともあれ、学んだことを思い出して、現世の利益としよう。

さくいん　赤フィルターを使って、意味を覚えよう。

さくいん

単語	現代語訳	ページ
いづく	どこ	57
いつしか	早く、早くも・もう	125
いと	とても、それほど（～ない）	25
いとけなし	幼い・あどけない	38
いとど	ますます	73
いとほし	気の毒だ・かわいそうだ、かわいい、嫌だ・つらい	55
いぬ（往ぬ・去ぬ）	去る・行ってしまう、（時が）過ぎ去る・経過する	70
いはけなし	幼い	49
いふかひなし	言ってもしかたがない、身分が低い・取るに足りない、ふがいない・情けない	88
いぶせし	心が晴れない・うっとうしい、気がかりだ	37
いふはかりなし	言葉では言い尽くせない	162
いふもおろかなり	言葉では言い尽くせない	162
いへばさらなり	今さら言うまでもない	163
います	いらっしゃる（「いる」「行く」「来る」の尊敬語）、～ていらっしゃる	153
いまめかし	現代風だ、軽薄だ	18
いみじ	はなはだしい、ひどい、すばらしい	29
いらふ	答える・返答する	18
いろ	情趣・風情、表情・顔色、気配・態度、恋愛・色欲	125
うかぶ	水面に浮かべる、暗記する・暗唱する、出世させる	107
うし	つらい・苦しい、つれない・無情だ	37
うしろめたし	不安だ・気がかりだ、気がとがめる	34
うしろやすし	安心だ・安心できる、頼もしい	15
うす	消える・なくなる、いなくなる・死ぬ	150
うたてし	嫌だ・いとわしい、情けない・気の毒だ	69
うちつけなり	突然だ・だしぬけだ、ぶしつけだ・露骨だ、軽率だ	142
うつくし	かわいらしい、きれいだ	21
うつつ	現実、正気	61
うつる（移る）	移動する、色あせる・盛りが過ぎる、変わる	42
うつろふ（移ろふ）	移動する、（葉が）色づく、（葉が）色あせる・散る、心変わりする	105
うるさし	わずらわしい・面倒だ、わざとらしくていやみだ、よく気が回る	112
うるせし	達者だ、利発だ	23
うるはし	きちんとしている、整って美しい	21
え	（後に打消の表現を伴って）～できない	132
えもいはず	なんとも言いようがない（ほどすばらしい／ひどい）	165
えんなり	優美だ・色っぽい、美しく趣がある	26
おきつ	あらかじめ決めておく、指図する・命令する	142
おくる（遅る）	先立たれる、取り残される	117
おこす（遣す）	よこす・送ってくる	143

さくいん

177

単語	現代語訳	ページ
がり	〜のところへ・〜のもとへ	147
かる（離る）	離れる・遠ざかる、疎遠になる・関係が絶える	151
きこしめす	お聞きになる、召し上がる	153
きこゆ	申し上げる、（手紙を）差し上げる、お（ご）〜申し上げる	158
きよらなり	（人が）清らかで美しい、（服などが）華やかで美しい	79
ぐす	備える、一緒に行く・引き連れる、連れ添う・結婚する	66
くちをし	残念だ、情けない・つまらない	34
くまなし	陰がない・隠れている部分がない、精通している・欠けた点がない	129
くもゐ	宮中、空、はるか遠く離れたところ、都	89
けいす	（皇后や皇太子に）申し上げる	159
けしうはあらず	それほど悪くはない	163
けしき	様子・情景、顔色・態度、機嫌、意向	91
げに	ほんとうに・なるほど	29
こうず	疲れる・体が弱る、困る	34
ここち	気持ち・気分、病気・気分が悪いこと	43
こころあり	風流を解する心がある、分別がある、思いやりがある	165
こころぐるし	（自分が）つらい・苦痛を感じる、（他人のことが）気の毒だ・心配だ	92
こころざし	愛情・誠意、謝礼	30
こころづきなし	気にくわない	46
こころにくし	奥ゆかしい・上品で美しい、恐ろしい	127
こころもとなし	待ち遠しい・じれったい、気がかりだ	18
こころやすし	安心だ、親しい	57
こころやる	気を晴らす	77
こしかた	通り過ぎてきたところ、過ぎ去った時間・過去	50
こしらふ（誘ふ・慰ふ）	なだめる・なだめすかす	146
こちたし	仰々しい、はなはだしい	146
こちなし	無作法だ・無礼だ、無骨だ・無風流だ	147
ことごとし	大げさだ・仰々しい	59
ことわり	道理	73
ことわる	説明する、判断する	127
このかみ	年長者、兄または姉	67
こはし	堅い・ごわごわしている、強い・手ごわい	79
こまやかなり	繊細で美しい、心がこもっている、色が濃い	127
ごらんず	ご覧になる	155
さうざうし	もの足りない・物寂しい・つまらない	38
さうなし （双無し・左右無し）	並ぶ者がない、決着がつかない、ためらわない・簡単だ	147
ざえ	学識・教養、（芸術的な）才能	149
さかし	しっかりしている、かしこい、利口ぶっている	13

さくいん

単語	現代語訳	ページ
たはぶる	遊ぶ、ふざける	69
たまはる	いただく・頂戴する	157
たまふ	お与えになる・くださる、お（ご）〜になる、いただく、〜（ており）ます	155
ためらふ	体を休ませる・養生する、感情を抑える・気を静める	123
たゆし	疲れている・だるい、気が利かない・にぶい	141
ちぎり	約束、（前世からの）宿縁・因縁、夫婦の縁	77
ついで	順序、機会	129
つかうまつる	お仕えする、〜して差し上げる、お（ご）〜申し上げる	157
つきづきし	似つかわしい	51
つたなし	下手だ・未熟だ、愚かだ、運が悪い、みすぼらしい	93
つつまし	遠慮される・気が引ける、きまりが悪い	45
つつむ（包む・慎む）	隠す、遠慮する	115
つとめて	早朝、翌朝	75
つゆ	（後に打消の表現を伴って）まったく〜ない・全然〜ない	132
つらし	薄情だ、つらい・耐えがたい	46
つれづれなり	退屈だ・することがない、孤独で物寂しい	58
つれなし	冷淡だ・薄情だ、平然としている、なんの変化もない	104
とがむ	非難する、怪しむ・不審に思う、問いただす	108
ときめく	時代の流れに乗って栄える、寵愛を受ける	119
とく	人徳、財産・富	22
ところせし	場所が狭い・窮屈だ、気詰まりだ・（精神的に）窮屈だ、おおげさだ、面倒だ	93
とし（疾し）	（速度が）速い、（時期が）早い	63
としごろ	長年の間・数年来	111
とぶらふ （訪ふ・弔ふ）	訪問する、見舞う、弔問する・とむらう	96
な〜そ	どうか〜しないでほしい・してくれるな	133
なかなか	中途半端に・なまじっか、かえって・むしろ	119
ながむ（眺む）	ぼんやりと眺める、物思いに沈む	55
なさけ	風流を解する心、情趣、思いやり	27
なし	不在である・留守だ	115
なつかし	親しみがもてる、心がひかれる	13
なづむ	滞る・先に進めずにいる、悩み苦しむ、こだわる	61
なのめなり	いいかげんだ、平凡だ	71
なべて	すべて・一般に・総じて	54
なほざりなり	いいかげんだ	62
なまめかし	若々しい・みずみずしい、優美だ	31
なめし	無礼だ・失礼だ	78
なやむ	病気になる・病気で苦しむ、困る・苦労する	111

さくいん

181

単語	現代語訳	ページ
むつかし	不快だ、わずらわしい、気味が悪い	43
めざまし	気にくわない、思いのほかすばらしい	53
めづ	愛する、ほめる、感動する	27
めづらし	すばらしい、目新しい	117
めでたし	すばらしい、立派だ	15
めやすし	見た目の感じがよい、見苦しくない	19
もてなす	振る舞う、待遇する・応対する、もてはやす	120
ものす	（何かを）する	67
もよほす	せき立てる・催促する	119
やうやう	しだいに・だんだん	150
やがて	そのまま・引き続き、すぐに	116
やさし	つらい、恥ずかしい、優美だ、けなげだ	33
やすらふ	立ち止まる・たたずむ、ためらう	50
やつす	目立たないようにする・地味な姿に変える、出家する	77
やむごとなし	捨てておけない・重大である、格別に大切だ・貴重だ、高貴だ	99
やをら	静かに・そっと	149
ゆかし	見たい・知りたい・聞きたい、心がひかれる	17
ゆくりなし	思いがけない・突然だ、不用意だ・軽率だ	151
ゆめゆめ	（後に禁止の表現を伴って）決して〜するな、 （後に打消の表現を伴って）決して〜ない・ちっとも〜ない	131
ゆゆし	不吉だ・忌まわしい、（程度がはなはだしく）すばらしい・ひどい	31
ゆるす	解放する・自由にする、認める・評価する	117
よ（世）	男女の仲、世間・俗世	146
よし	よい、身分が高い・教養がある	50
よし（由）	由緒・いわれ、理由、事情・いきさつ、手段・方法、風情	104
よしなし	理由がない、方法がない、つまらない・取るに足りない	42
よも〜じ	まさか〜ではないだろう	133
よろし	悪くない、普通だ・ありふれている	59
よろづ	たくさん、あらゆること	22
らうがはし	乱雑だ、うるさい	39
らうたし	かわいらしい・いとおしい	70
らうらうじ	巧みだ・物慣れている、上品だ	27
わざと	わざわざ、特に・とりわけ	123
わたる	移動する・行く・来る、ずっと〜する、一面に〜する	109
わななく	体・声が震える	53
わびし	つらい・やりきれない・困ったことだ、貧しい	41
わぶ	思いわずらう・嘆く、落ちぶれる、〜しかねる	47
わりなし	道理に合わない、つらい・苦しい、しかたがない	63

監修 長尾誠夫

愛媛県生まれ。東京学芸大学卒業。都立高校国語教師・ミステリ作家。都立高校に勤めるかたわら、『源氏物語人殺し絵巻』で第4回サントリーミステリー大賞読者賞を受賞。『早池峰山の異人』で第45回日本推理作家協会賞短編部門候補となる。著書に『邪馬台国殺人考』（文藝春秋）、『黄泉国の皇子』（祥伝社）、『子規と漱石のプレイボール』（ぴあ）、『清少納言と学ぶ古典文法』『3日間で完成！共通テスト国語で確実に7割とる方法』（ともに彩図社）、『中学受験まんがで学ぶ！国語がニガテな子のための読解力が身につく7つのコツ　説明文編』、同『物語文編』（ともに Gakken）などがある。

イラスト　　一二三 かおり
デザイン　　吉光 さおり、村上 総（Kamigraph Design）
編集協力　　和田 知久（株式会社 一校舎）、倉本 有加
DTP　　　　株式会社 四国写研

※赤フィルターの材質は「ポリエチレンテレフタレート」です。
※この本は、下記のように環境に配慮して製作しました。
　・製版フィルムを使用しない CTP 方式で印刷しました。

読者アンケートのお願い

本書に関するアンケートにご協力ください。
右のコードか URL からアクセスし、アンケート番号を入力してご回答ください。当事業部に届いたものの中から抽選で年間200名様に、「図書カードネットギフト」500円分をプレゼントいたします。

アンケート番号：305694
https://ieben.gakken.jp/qr/kobun300/

あなたの学びをサポート！

家で勉強しよう。学研のドリル・参考書
URL https://ieben.gakken.jp/
Twitter @gakken_ieben

しゃべって覚える　古文単語300